奴隷マインドを捨て、ノット・ノーマルで行け!

40歳から「差がつく」生き方

苫米地英人
Hideto Tomabechi Ph.D.

Not Normal!

PHP研究所

はじめに

「四〇歳で差がつく」と聞いて、皆さんは何をイメージするだろうか？

圧倒的な金持ちになるか、日々の生活費などに追われる毎日を送るか。

社会人生活において社長になったり出世頭になったりして、たくさんの部下を思うように使っているか、いつまでも「うだつが上がらない」ままか。

資産もバッチリ、家族にも恵まれ、年金もたくさんもらえて幸せな老後を過ごせそうか、孤独で寂しく貧困な人生後半になりそうか……。

たしかに四〇歳を前後して、いろいろなことが大きな分かれ道を迎えるように見える。転職も、おおむね三〇歳後半から四〇歳を境にハードルが一気に上がる。よほど専門的な技能を身につけていなければ、再就職の条件はグッと悪くなるはずだ。結婚できるかできないかも、四〇歳を前後して大きな壁がある。出世できるかどうかだって、もうだいたい先が見えているかもしれない。

こう書き連ねてくると、

「ああ、自分は負け組確定か」

と、ため息をつく人もいるだろう。

しかし、待ってほしい。もう一度、今まで挙げてきたことを見直してほしい。これらは、本当に「自分自身の欲求」から生み出されているものだろうか？　実は、ただ単に、社会一般の「成功イメージ」にすぎないものではないか？

もっと掘り下げてみよう。たとえば「圧倒的な金持ち」と言ってみても、どこまでいけば「金持ち」と言えるのか。上には上がいる。日本の金持ちなんて、世界の大富豪から見れば、吹けば飛ぶようなものだ。傍から見て十分にリッチそうでも、その人の心の中では「もっと、もっと」と金銭欲が煮えたぎっているかもしれない。

一見、部下をたくさん使っているように見えても、会社の経営陣と部下に挟まれて、命をすり減らすような思いをしているかもしれない。

社長になった人でも、資金繰りに追われ、社員に給与を払えるかどうかの不安に夜も眠れぬ日々を送っているかもしれない。

つまり、社会一般の「成功イメージ」に沿った成功をしているように見えても、その人の内面に迫れば「本当に幸せかどうか」なんて、まったくわからないのである。

むしろ、そういう「成功イメージ」に縛られれば縛られるほど、その人の「本当の幸せ」がどんどん遠ざかっているかもしれないのだ。

では、どうすればいいか。

ズバリ、ひと言で言おう。四〇歳で差がつく生き方の最大のポイントは、次の命題に集約される。


「あなたは、不満だらけの奴隷として一生を終えるか？

それとも、『今、この瞬間が嬉しい』人生を積み重ねるか？」


四〇歳を前後するような歳まで生きてくれば、どんな人でも多かれ少なかれ、「奴隷マインド」に縛られている。だが、そのままでは、たとえどんなに表面的には「成功」を手にしているようでも、心の中は決して「本当の幸せ」に満ちることはない。

「奴隷」としての人生から脱却する秘密のカギ——それは「ノット・ノーマル」を志向することである。

「ノット・ノーマル」というのは「アブノーマル（変態）」のことではない。あえて日本語にするなら「非凡」「脱常識」ということになろうか。

自分の中の「しがらみ」を捨て、あえて、いくつかの部分で「ノット・ノーマル」に生きてみるのだ。

もちろん、それは「安逸」な道ではない。だが、その方法や覚悟も本書では語っていこう。

「こんなふうに生きてもいいのか！」「こう考えてもいいのか！」

本書を読み終えたとき、きっとあなたの中に「大きな勇気」が芽生えているはずだ。

苫米地　英人

平成二七年三月一日

40歳から「差がつく」生き方

目次

第2章 「奴隷の長」になって喜んでいる場合じゃない

第3章 とことん「ノット・ノーマル」に生きよ！

第4章　四〇歳までは徹底的に知識を身につけよ

第5章　エフィカシーを高めて、自信に満ちた人生を歩め！

装丁：一瀬錠二(Art of NOISE)

第1章

現代の日本社会では、四〇歳までは「お子さま」期間

六〇代の人が子供扱いされる世界がある

どうすれば、四〇代から差がつく生き方ができるのか。

それを考えるときに、一つ理解しておかねばならないことがある。

それは、「現代の社会においては、四〇歳でようやく一人前になるかならないか、という年齢だ」ということだ。

私の知り合いには、八〇歳以上の方もたくさんいる。しかも、ただの「おじいちゃん」ではない。大きな企業の経営者だったり、中央官庁のエリート官僚を勤め上げたような人たちだ。そういう人たちは、皆さんものすごくお元気で、現役で仕事をしている。しかも悠々自適のお気楽な仕事をしているわけではない。社会を動かすような大きな仕事をしているのである。

そういう人たちの会合に、六〇代になって、ファーストキャリアを定年退職したような人たちが参加したらどうなるか。まさに文字通り「若手」になるのだ。たとえば、中央官庁のトップである事務次官を勤め上げた人が「今年、次官を退任しました」と挨拶に来る。すると、古くからのメンバーは「そうか。君もようやく定年になったか」と応える。ひと言で言えば、まるで子供扱いである。それはそうだ。実際、自分たちのはるか後輩なのだから。八〇代の人からすれば、六〇歳になったばかりの人など、下手をしたら子供と同じくらいの年齢なのだ。

六〇代の人が子供扱いされている姿を間近で見ると、その人よりも若い私の目にも、本当にその六〇代の人々の顔つきが子供みたいに見えてくるから不思議なものだ。

こんなふうに、六〇代の人が子供扱いされる世界が実際にあるのだ。

ちなみに、その会合に参加していた人が八四歳で亡くなったとき、「早死にで残念だった」「まだ若いのに」と言われているのを聞いたこともある。八四歳で亡くなって「早死に」と言われるのだから驚きだが、そのくらい日本は長寿社会に突入しているということである。

現在は、健康な人なら、誰でも八〇歳までは生きられる時代だ。一〇年後、二〇年後には、再生医療が発達して、さらに長生きできるようになる可能性も十分にある。

年に一回くらい人間ドックに行って、ある程度の体のケアをしている人が、八〇代で亡くなったときに、「あの人は、あんなに若くに死んじゃった。運が悪かったんだね」と言われるような時代は、案外、それほど先のことではないのではないか。

人間の細胞は、決められた時期に死ぬようにプログラムされている。そのことを、アポトーシスと言う。そのアポトーシス的な制約があるため、一二〇歳を超えて生きることはかなり難しいとされるが、一〇〇歳くらいまでなら大半の人が生きられる時代が目の前に来ているのかもしれない。

人生一〇〇年時代。そう考えれば、八〇代でも九〇代でも、健康なら現役バリバリで働いても、何の不思議もない。

「じゃあ、四〇歳って何なの？」ということになるが、六〇代の元次官が子供扱いだから、四〇代は、まだ子供の手前の段階かもしれない。ライフサイクルから言えば、そのくらいに考えていい世の中だ、ということである。

四〇歳までは「お勉強」期間

人生一〇〇年時代には、四〇歳くらいまでは「お子さま」と言ってもいい。お子さまだから「お勉強」をしなければならない。四〇歳を超えると、「そろそろお勉強を終えて、仕事をしようね」という年代になる。

今は、膨大な知識量がないと生き抜いていけない時代だ。知識量の少ない人はろくな仕事ができない。一九世紀までは「情報」といっても、大した量ではなかった。だが二〇世紀、新聞などのメディアも急速に発達して、情報量は格段に多くなった。さらに現代、インターネットの普及により、さらに情報量は増している。毎日、毎日、急激に情報量が増えて、世の中が動いている。

かつての大学教授は、自分の受け持ち講座で、毎年同じことをしゃべっていればよかった。今年、一年生に教えたことを、四年後にその学生たちが卒業したときに入ってきた新一年生に再び教えても問題なかった。一〇年くらいずっと同じことを教えていても、大学教授が務まっていた。

ところが、今は、そういうわけにはいかない。昨日教えたことは、今日はもう情報が古くなっている。二四時間後に同じことを教えているような教授は、ダメな教授だ。そのくらい、我々を取り巻く情報量が圧倒的に増え、毎日進化している。

サラリーマンの場合も、一人ひとりの職能として求められる情報量がどんどん増えている。昔のように、朝から晩まで職工のようなことをやっている時代とは明らかに違う。平社員でも膨大な知識量がないと仕事ができない時代になっているし、事実上のマネジメントの知識まで必要とされる。真剣に勉強しておかないと、仕事ができない時代なのだ。

ハーバードMBAの経営知識だけでは、もう経営できない

「ハーバードMBA」がもてはやされている時代もあった。だが、今はアメリカでも「ハーバードMBAでは、経営はできない」と言われている。世の中の情報量が圧倒的

的に増えているからだ。

少し前までは、社長業のことだけ知っていれば、現場のことを知らなくても経営できると考えられていた。ファストフードのハンバーガーチェーンの社長は、「本当にファストフードなんて食べているの?」「毎日、高級レストランで食べているんじゃないか?」という人が務めていた。ドライブスルーなんか、行ったことがないのではないかと思わせる人であっても、社長業が務まっていた。抽象度の高い上のほうの情報だけ知っていればよく、下の情報はいらない時代だった。

「情報の抽象度」——これは、これまで私の本でよく説明してきたことだが、「情報空間における視点の高さ」のことを指す。たとえば、「イヌ」という概念の中には、プードル、柴犬、ポメラニアンといった犬種についての情報から、「かわいい」「利口そう」などといった印象、さらに「うちで飼っているペロ」「近所で飼われているココ」などという属性情報まで、様々な情報が込められている。その場合、「プードル」という情報より、「犬」という情報のほうが「抽象度が高い」ということになる。

ハンバーガーチェーンで言えば、個々のハンバーガーのつくり方にどういうクセがあるか、ということや、どうすればより上手にハンバーガーをつくれるか、などといった「現場の情報」よりも、チェーン全体の原価管理や、品質管理、商品の人気度や広告宣伝効果などといった「経営情報」のほうが抽象度が高いということになる。

いってみれば、ハーバードＭＢＡがもてはやされていた時代というのは、たとえ上手に美味しいハンバーガーがつくれなくても、経営数字がわかって、それについて的確な手が打てればよいとされていたということだ。

だが、今はそれが通用する時代ではない。抽象度の高い情報から、現場の細かい情報まですべてを知らないと、抽象度の高い的確な判断ができない。そういう時代が来ている。だから、ハーバードＭＢＡで経営のことだけ学んでも、まったく役に立たない時代になったと言われ始めた。

経営コンサルタントにしても、ＭＢＡを持ったコンサルタントと契約した会社が、「何の役にも立たなかった」という例が続出している。彼らは、抽象度の高いところのルールのみを学んできていて、抽象度の低い現場の知識はまったく持っていない。これでは判断に役立つアドバイスなどできるはずがない。

つまり、「ＭＢＡを持つ人たちが、『抽象度の高い情報だけ知っていれば経営できる』というウソをずっと言い続けてきた」ということが、多くの企業にばれてしまったのである。

ローソンの新浪剛史氏がサントリーの社長になったが、新浪氏は経営の知識しか持っていない人ではないと思う。ローソン時代には、ローソンのコンビニの中の細かいことまで熟知していたはずだ。サントリーに行けば、蒸留所を見たりして、細かいことまで徹底的に情報を集めるだろう。ローソンでもサントリーでも経営のことだけ知っていれば経営できますよ、という時代ではないのだ。

昔は多くの知識量を得ることが事実上不可能だったから、ハーバードＭＢＡでも通用した。だが、今はインターネットもあり、情報はいくらでも集められる。現場についての的確な情報や知識がないと正しい判断ができない時代が来たのである。

言い換えれば、「全体像を知るには、現場の細かい情報が必要」だということだ。そして逆に、現場の細かい情報を理解するには、全体像を知っておく必要もある。「ゲシュタルト」と呼ばれるが、抽象度の高いルールと抽象度の低い情報がひとまとまりとなっており、双方向性を持ち始めたのである。

一介のソルジャーにも膨大な知識が必要な時代

米軍の例を挙げると、今は、一介のソルジャー（兵士）でも、いつでもリーダーになれる教育をされている。そうしないと、部隊を率いる現場リーダーが撃たれてしまったときに、リーダー不在になって部隊が動けなくなるからだ。

今の戦争は、昔のようなアナログな戦いではない。高度なデジタル情報機器を使って、敵の動向や味方の動きを瞬時に知り、全体の動きを理解した上で、作戦を遂行していくのだ。リーダーが撃たれたときに、情報の取り方がわからなくなってしまったら、作戦そのものが成り立たなくなる。本部の上級指揮官に指示を仰いでいる余裕などないから、ソルジャーは誰でもリーダーになれるように教育されている。一介のソルジャーでもマネジメントできるだけの情報量を持つ必要があるということだ。ソルジャーに必要とされる情報量、知識量がものすごく増えているのだ。

今のソルジャーは、何十キロもの重い通信機器を背負って戦っている。そこにはたくさんのチップが入っていて、ありとあらゆる新型ヘリ、航空機、戦車とネットワークでつながっている。それらについて知識を持った者でないとソルジャーは務まらない。ソルジャーを指揮する現場リーダーは、さらに多くの知識を必要とする。ソルジャーの全状況を把握し、ヘリや戦車との連携を考え、細かいことまですべて把握していないと、指揮官として的確な判断を下せない。

通信機器のことを何も知らないリーダーが指揮をするのは、いわばグローバル企業で、電子メールを打てない人が部長になるようなものだ。

ことほどさように、部分と全体が双方向的な関係を持ち、部分と全体が同時に成り立つ時代になっている。

もともと宇宙というのは、部分と全体が分かれているのではなく、双方向性を持っており同時に存在している。そういうことがわかっていないと、リーダーとして任務を果たせない時代だ。

医者も同じだ。少し前までは、診療科ごとの専門性が最も大切だった。心臓、消化器、脳など臓器の専門家であればよかった。しかし、それらの臓器はみな連動しているわけだから、自分の診療科だけでなく隣の診療科のことまで詳しく知っていないと、本当に優れた医療ができない。「統合医療」と呼ばれているが、診療科ごとに専門家であればよかった時代はもう終わりつつある。部分と全体は双方向性を持っているから、学ぶべき知識量は圧倒的に増えている。

最低二〇年間は勉強し続けないと知識量として不十分

抽象度の高い「全体」と、抽象度の低い「部分」が双方向性を持ち、両方の情報を持たなければいけない時代だから、リーダーになる人に必要とされる情報量は膨大だ。日夜どんなに真剣に勉強を重ねても、五年、一〇年の蓄積では情報量がまったく足りない。

だから勉強期間は、最低二〇年は必要だ。二〇歳前後から学び始めて、四〇歳くらいになってようやく一通りの情報が蓄積され、リーダーとしての仕事が可能になる。つまり、大学生のときから四〇歳くらいまでは真剣に学び続けなければいけないということだ。

社会そのものがシンプルだった時代は、それほど知識量は必要なかった。しかし、今やまったく違う。学問の世界で言えば、「最低でも」博士課程を終えているくらいでないと、とても知識量が足りない。

大学の学部生は、三年生くらいから就職活動を始めるから、専門課程は一〜二年しか学んでいない。そんな勉強では、専門知識など何もないのと同じだ。

修士まで行った人でも、二年追加されるだけだから、専門課程はせいぜい三〜四年。修士の人間は、年功序列で学部生より威張っているが、その実態は口先だけ生意気なだけで、学問の世界では、まだ使えない人だ。

学問の世界では博士号を持っていることは当たり前。博士号が「最低限の免許証」のようなものだ。さらに学び続けて、三〇代後半くらいで准教授になる。私はたまたま早くて、三〇代前半で准教授（当時の呼び名で助教授）になったが、多くの場合、三〇代後半から准教授になり始める。遅い人は四〇代の半ばくらいで准教授になる。

ものすごく出来のいい人でも、教授になるのは四〇代半ばくらいだ。つまり、学問の世界は四〇歳まではみんなお勉強の時代で、四〇歳でお勉強が終わって、四〇歳から差がつくということである。

他の分野も同じと考えていい。四〇歳までは横一線で、お勉強の時代。ものすごく勉強して、四〇歳までに一通り学び終わった人は、四〇歳以降に、いよいよリーダーとしてスタートする。そこから先は、ものすごく大きな差がつく。

四〇歳になっても学びきっていない人は、これから先一〇年くらい必死になって学ぶ必要がある。そうすれば五〇歳くらいになってようやく情報量が最低の基準に達するだろう。

もっとも、先ほどから述べてきたように、今は寿命が延びて人生一〇〇年時代になってきているから、五〇歳で一通りの情報を学び終わっても、それからでも十分にリーダーとして活躍できる。その後、七〇歳まででも八〇歳まででもリーダーとして働き続ければいい。要は、いかに早く気づいて、いかに必死に学びを始めるか、なのだ。

逆に言えば、四〇歳まで一生懸命に学んでこなかったのに、四〇歳以降も勉強できないような人は、もう終わりである。

知識のない人がリーダーになると、下々が犠牲になる

知識の欠如した人にリーダーになられたら、危なくて仕方がない。知識のない人が重要な判断を下したら、会社をつぶしてしまう。

昔は、部下に命令だけしていればよかったから、知識はそれほど持っていなくてもリーダーが務まった。「いけ〜！」と号令をかけて、下の者をひたすら走らせるだけだった。

韓流の歴史ドラマで、印象的なシーンがある。中国の当時の王朝との戦いや、朝鮮半島内の抗争などが描かれる歴史ドラマでは、よく城攻めのシーンが描かれるが、そのときに部下たちが次々と戦死していく。城壁をよじ登ろうとして、油を撒かれて火をかけられて全員が焼死する場面もよく出てくる。実際にあんな戦いをしていたら、一万人や二万人はアッという間に戦死してしまうだろう。だが、部下がバタバタと戦死していっても、将軍たちはまったく気にしない。それが当たり前のように思ってい

る。それなのに、自分の家族が亡くなるとワーワーと泣く。

このドラマの世界観の中では、要するに下々の者などどうでもよい、ということだ。一人ひとりの命が、とても軽んじられている世界観・歴史観である。

だが今は、民主主義国では、兵士が一人戦死するだけで大変な騒ぎとなる。米軍で軍人が一人戦死すると、政治的に重大な状況になる。だから、無人機などが開発され、実戦に投入されている。兵士を死なせないためだ。昔と比べると、一人の「個」の存在がとても重要な時代になっている。

一人の「個」の存在を大切にしなければいけないということは、上に立つリーダーは「個」が持つ情報を全部知っていなければいけないということである。リーダーには膨大な情報量が必要なのだ。知識のない人間にリーダーになられたら、下々にいる「個」が犠牲になってしまう。

残念ながら、いまだに知識のない人間がリーダーになっている職場は少なくない。これでは犠牲者が増えるばかりだ。

アメリカ式経営もダメ、日本式経営もダメ

今世紀になって、日本式の経営法も、アメリカ式の経営法もどちらも欠点だらけだということが明らかになってきた。

日本のサラリーマンは、年功序列で上がっていく。年功序列と言っても同期の中で出世が早い人、遅い人はいる。同期の中で優秀な人が選ばれて引き上げられるが、選ばれる基準は、与えられた役割で成功したかどうかだ。

外食産業なら、皿洗いで成功すると店長になる。店長として成功するとエリアマネージャーになるという具合だ。そうやって上がっていった者が最後に社長になる。だが、その人は、会計係やウエイターをやったことはない。会計やサービスの知識を取り残したまま上がっていく。会計のこともサービスのことも知らずに社長になるのだから正しい判断ができるはずがない。

実際問題として、店長やエリアマネージャーとして成功した者を抜擢して、いきな

り社長にすると、まったく業績を伸ばせないことが多い。取りこぼした知識がたくさんあるので、社長としては通用しないのだ。

日本では、一つの部門に配属されると、その部門で抜擢されて引き上げられていく。経理なら経理畑でずっと上がっていく。製造業の場合は、事業部で採用されて、その事業部の中で上がっていくから、他の部門をまったく経験していない人は多い。一つの事業部の中だけで育って社長になっても、他の事業部に関する知識があまりにも不足していて役に立たないのである。

一方、アメリカの場合は、社長業だけを学んで大企業の社長になっていく。ビジネススクールで経営学を学び、MBAを取って、GEなどの大企業に入る。

だが平社員として下積みをするわけではない。GEのような大企業には、子会社、孫会社が山のようにある。世界各国にそれぞれ一〇社、二〇社の子会社・孫会社があれば、それだけで一〇〇〇社を超える。これらの子会社・孫会社のうちのどこかの会社にバイスプレジデントとして入社する。

バイスプレジデントというのは、課長クラスだ。軍隊で言えば、兵隊ではなく士官に相当する。一番下のレベルの士官だが、それでも士官は士官だ。

バイスプレジデントからスタートして、しばらく経験を積んだ後に、その子会社の役員や社長になる。二〇代で社長になることはまずないが、早い人なら三〇代で子会社の社長になる。子会社の社長として成績を上げると、より大きな子会社の社長になる。さらに実績を上げると、もっと大きな子会社の社長になり、勝ち抜いた人が最後に親会社の社長になる。そういうシステムだ。

途中の段階でどこかの会社にリクルートされて、別の会社の社長になることもある。そこからまた元の会社に戻ってくることもある。行ったり来たりすることもあるが、いずれにせよ、若いうちからずっと社長業だけをやり続けて上っていく。

ジャーナリストも似たようなシステムだ。いきなりニューヨーク・タイムズに入社することはなく、地元の小さな新聞社で記者として成功すると、より大きな新聞社に行き、最後にメジャーな新聞社に行く。雑誌の場合も、タイムやフォーブスに行けるのは、どこかで成功した人である。

小さいところで成功すると、より大きなところへ移るというのがアメリカのシステムだ。大企業の社長になる人は、小さな会社で若いころから社長業をやり、社長業だけをしてスパイラルで上がっていく。

以前は、このシステムがうまくいっていた。どこかの社長業が成功した人なら、どの業種の社長業でも務まると考えられてきた。だが、今はそういう時代ではない。各業種の現場の細部の情報まで持っている人でないと成功できなくなっている。

象徴的な例は、アップル創業者のスティーブ・ジョブズだ。彼はスティーブ・ウォズニアックと一緒にパソコンを組み立てるところから始めている。技術やデザインの細かいところまですべて熟知して経営をしていた。

シリコンバレーで成功した創業者は誰もが元々はガレージワーカーだった。彼らが成功できたのは、下から上まですべてのことを知っていたからだ。アマゾンでも、グーグルでも、経営者は下から上まですべてのことを熟知している。そんなズバ抜けた人たちが相手では、社長業しか学ばないMBA方式ではもう太刀打ちできない。

創業者だけでなく、後継者にも詳細な現場知識が求められる。ジョブズの後任となったティム・クック社長は、現場上がりでいろいろな部門を回っている。IBM、コンパックなどを経てアップルに入っているが、それらの会社で現場の知識と抽象度の高い能力の両方を身につけてきた。

そのうえ、アップルでも現場を回って細かい知識も身につけたから、アップルの経営ができている。ジョブズの没後も業績を伸ばし、二〇一五年度第1四半期（二〇一四年一〇月～一二月期）の決算は過去最高益となった。

GEは、MBA方式ではダメだということに早い時期に気づき、よその会社の社長を引き抜くやり方ではなく、社長候補者に早い段階から社内のいろいろな部門を経験させる方法をとっている。他のアメリカの会社も、最近になってMBA方式の欠点に気づき、あわてて社内の多くの部門を経験させ始めた。

会社全体の知識を持っていないと経営判断はできないし、下から上までの知識をすべて持っていないとリーダーは務まらない。そういう意味では、リーダーにとって非常に大変な時代だ。

リーダーになるためには徹底的に学び続けなければいけないのだ。

奴隷として生きるか、否か

こう語ってくると、

「じゃあ、徹底的に会社に従順に朝から夜まで働きづめて、会社の隅々まで知り、社内政治に勝って出世して、リーダーを目指せばいいのですね」

と早とちりする人もいるかもしれない。

あるいは逆に、

「なぜ、そこまでしてリーダーにならなければならないんですか？　そんなに勉強するのは、真っ平ですよ」

と思う人もいるだろう。

それは、どちらも間違いだ。私がこの章で述べてきたのは、現代がどういう社会かという分析にすぎない。

なぜ、私はこの章で「徹底的に学べ」と語ってきたか。

ひと言で言えば、「奴隷にならないため」である。

あなたの人生を「奴隷」として終えるのか、それとも「主人公」として終えるのか。そこが重要なところなのだ。ひと言で言えば、「四〇歳から差がつく生き方」とは、「奴隷として生きるか、否か」であると言ってもいい。

では、「奴隷としての生き方」とはどういうものなのだろう。そして、そうならないためには何が必要なのか。
次章以降で見ていくことにしよう。

第2章

「奴隷の長」になって喜んでいる場合じゃない

会社に入って三年で「ただの人」になる

今、サラリーマンである人は、胸に手を当てて、次の言葉の意味を考えてみてほしい。

「サラリーマンの場合、会社に入って三年も経ったら、『ただの人』」

大学時代にどれだけ一生懸命に専門的なことを勉強した人でも、日本企業では間違いなく三年でバカになる。日本の会社はそういう仕組みになっている。

だが、そう聞いて必要以上に落胆することはない。おそらく、多くの学生は大学でそれほど熱心に勉強していないから、高校を卒業して大学に入学して、一～二年でバカになっているはずだからだ。

まず自分がどちらかを考えてみてほしい。高校を卒業してすぐにバカになったのか、それとも、会社に入ってからバカになったのか。いずれにしても、三～四年の差にすぎない。四〇歳までに、一七～一八年間バカを続けたか、二一～二二年間バカを続けたかという違いだけだ。

ここで私が「バカ」と言うのは、自分の本来のゴール（夢や目標）を目指さずに、会社の「優秀な奴隷」になるように洗脳されていってしまうという意味だ。

これまでの日本のサラリーマンの給与体系で言えば、四〇歳くらいまでは会社に搾取され、四〇歳から搾取する側に回る。四〇歳までは給料を抑えられ、四〇歳くらいから給料が上がっていく。そして、五〇歳代でピークを迎え、六〇歳からは給料が下がっていく。

給料的に「おいしい」のは、四〇歳からの二〇年間くらいだ。特に、五〇歳前後の一〇年間は非常においしい時期だ。そういう給与体系になっている。

なぜこのような給与体系になっているのかというと、二〇代、三〇代で会社を辞めさせないためだ。どの会社も二〇代後半から三〇代の現場の社員に稼いでもらっている。彼らの給料を低く抑えることができれば会社は儲かる。会社としてはこの年代の社員に辞められると非常に困る。だから、「あと一〇年我慢すれば、おいしい時代が来るよ」と言って我慢させるわけだ。

日本の会社では、四〇代以上の社員の多くは単なる中間管理職だから、付加価値はほとんど生み出していない。四〇代以上の社員が辞めても会社はまったく困らない。部門を統合して、一人の管理職に二つの部門を管理させればすむ。

転職市場でも、四〇代以上の人はあまり必要としていない。転職市場で求められているのは、二〇代後半から三〇代の人間だ。若ければ若いほうがいいという意味では、新卒のほうがいいのかもしれないが、彼らは即戦力にはならない。企業に勤めて二～三年の経験を経て、一応、社会人としての基礎的な教育訓練が終わった人のほうが会社としては安心だし、即戦力が欲しいなら三〇代の人間がいい。

中途採用する側は、二〇代後半から三〇代くらいの世代が欲しい。一方、元の会社としても、稼ぎ頭の二〇代、三〇代を辞めさせたくない。二〇代、三〇代の人間は、どの企業にとっても魅力がある、一番売れる世代である。

二〇代、三〇代の争奪戦になるはずだが、そこに、日本独特の暗黙の談合システムが働いている。一社が抜け駆けして、三〇代の人間に高い給料を払うようなことはしない。お互いに「転職したら損しますよ」という状況をつくりあげ、どの会社に行っても、一つの会社で長く勤めないと給料が上がらないようにしている。一社で四〇歳になるまで我慢すればおいしい思いができるが、途中で抜けてしまうと、それまでの蓄積がリセットされてゼロからやり直しになり、四〇代になっても給料があまり上がらない。

そのような「お互いを守る日本企業システム」の中に、外資系が割り込んできて、ヘッドハンティングで優秀な人間に狙いをつけ始めた。今のところ、日本の中ではリーダー候補の人材がほとんど育っていないので、リクルートされるのはごくわずかな人たちだけだが、ものすごく実績を上げた三〇代の人は、外資系にリクルートされて四〇代、五〇代がもらうような高額な給料をいきなりもらっている。

それ以外の普通の人は、同じ会社で定年まで勤め上げるしかない。転職するとおいしい給料をもらえるまでの期間が長くなってしまい、場合によっては、おいしいところをもらえないかもしれない。「辞めたら損をする可能性が高い。残ったら、十分とは言えないかもしれないが、間違いなく、おいしい思いができる」。そういう風土をつくりあげているから、「残ろう」「しがみつこう」と考える人が多いのである。

もともと、日本人というのは農耕民族であり、あまりリスクを取りたがらない民族だ。もちろん農業にもリスクはあるし、リスクのない世界などありえないのだが、積極的にリスクを取ることはしない。多くの人が「ノーリスク」を望んでいる。一昔前は、小学生が「公務員」になりたいと言い、今は「正社員」になりたいと言う時代である。

一部の人を除くと、人口の大半の人はリスクが大嫌いで、安定を望んでいる。少なくとも日本人の三分の二くらいはノーリスク志向の人たちだろう。選挙でも長年自民党に投票してきた人が圧倒的に多い。自民党を積極的に支持しているわけではないけれども、野党ではリスクが高すぎるから、自民党に投票する。民主党や共産党もあるけれども、リスクが高すぎて選択肢にすら入っていない。それが大多数の日本国民のメンタリティだ。

日本社会はノーリスクを望む農耕社会だから、公務員がベストの職業で、次は大企業の正社員だ。大学生が就職先で悩むのは、公務員になるか、大企業に行くか。「どちらのほうが安定しているか」「どちらのほうが給料がいいか」と考えて就職先を決める。「創業しようかな」と悩む大学生は極めて少ないのが実情だ。

二〇代、三〇代は、会社に搾取され続ける

日本のマジョリティは、自分で会社を創業することはなく、サラリーマンとして企業に勤めるか、公務員になって役所で働いている。先ほど述べたように、それらの人は、二〇代、三〇代のうちは、給料を抑えられて会社に搾取をされ続ける。労働市場で売れる一番おいしい期間を会社なり役所なりに捧げているのである。

四〇代のサラリーマンは、いわば搾取され終わった人だ。これからは、「搾取する側」に回る。給料的には、もっともおいしい時期を迎えるわけだ。もちろん、このまま、おいしいポジションを享受してもまったくかまわない。そういう人はこの本を読む必要はないと思う。

ただし、「搾取される側」から「搾取する側」に変わった途端に、残念ながら、おもしろい仕事は激減していくことが多い。単なる「中間管理職」だから、おもしろい仕事をしようと思っても、まず無理だ。小さなことなら決められるが、会社を動かす

大きなことに関しては、自分には何の決定権もない。上から言われたことをそのまま下に伝える役割になる。給料面ではおいしい思いができるが、仕事面では、いてもいなくてもどちらでもいい、単なる中間の伝達係である。

上から命令され、それを下に伝える仕事が延々と続く。上と下に挟まれて苦労をするが、クビになることはないし、給料もたくさんもらえるのでみんな我慢する。会社からは「もっと上に行けばいいことがある」と言われ、それを信じて日々を過ごす。

だが、ピラミッド社会で上に行ける人はごく一握りだ。社長はたった一人。一度就任したら四～五年は交代しない。長期間、社長の座に居座る人もいる。確率的に言えば、社長になれる可能性はほとんどない。副社長だって二人くらいだから、まず、なることはできない。同期の出世頭でも、ほとんどの人はトップまでたどり着けない。役員にすらなれないのが実情だ。

要するに、会社にとって絶対に必要な人ではなく、代わりはいくらでもいるという存在なのだ。「クビにはできないので、とりあえず置いている」というだけである。それが日本の会社組織だ。

その状態をどう考えるのか。多くの日本人は「ラッキーだ」と考える。今は会社に余裕がないので減ってきているが、昔は「窓際族」と呼ばれる人たちがいた。ある程度の年齢になると、出世競争から外された人はポストだけ与えられて、部下も仕事もほとんど与えられない。だが、会社に行って新聞を読んでいるだけで、新入社員の三～五倍もの給料をもらえた。

四〇代以降の残りの人生を「会社に行って、ラクして稼いで、余生を過ごそう」と思っている人は、まったくかまわない。

しかし、何らかの自分のゴールを達成したいと思っている人には、四〇歳からの二〇～三〇年の間、退屈な時間を会社で過ごすことは耐えられないはずだ。「ラッキー」どころか、「最もつまらない人生」と捉えるだろう。

管理職は「奴隷の長」にすぎない

会社の中では三〇代までは「搾取される側」、四〇代からは「搾取する側」に変わると述べてきた。ただし、それは給料面だけの話だ。三〇代まではいわば「奴隷」であるが、四〇代で搾取する側になっても、多くの場合、「奴隷」の立場はまったく変わらない。肩書きはつくけれども、「奴隷の長」になるだけだ。

銀座や六本木では、「部長」という肩書きのついた若者たちが、若い女の子のスカウトをしている。名刺には「部長」と記載されているので、スカウトされた子はけっこう喜ぶ。「私、部長っていう人から名刺もらってスカウトされました」という子に名刺を見せてもらったことがあるが、ある店で見たことのある黒服の店員の名前だった。店では下っ端の人間でも、「部長」という肩書きの名刺を持っているのだ。

大企業もまったく同じシステムだ。「部長」の肩書きの名刺を持ってはいるが、やっていることは、大したことはない。会社もその「部長」には何の期待もしていない。単に社長の命令を下に伝えてもらえばいいのである。そんな程度の「部長」なのに、肩書きをもらって喜んでいる。

結局、自分が「何をしたい」ということが見えておらず、ただ上に言われたことをやるだけの人生になってしまっている。自分のゴールがあり、そのゴールに役立つかどうかを判断することは一切しない。多くの会社はそんなことを考えさせないように、ひたすら洗脳をしてきたのだ。

一般的に言ってサラリーマン社会は、自分のゴールとか、生き方とかそんなことは考えてはいけない世界だ。そんなことを社員に考えられたら、会社の「奴隷」にできなくなる。優秀な「奴隷」にしていくために、入社した瞬間から「上司に相談せよ。一切、自分で勝手に判断してはいけない」と教えて、言いなりの人間になるように染めていく。だから入社して三年も経つと、みんな「ただの人」になってしまう。

少なくとも、就職するときまでは、何らかの判断をしていた。「この会社はいい会社だ」「この会社に行きたい」と自分で判断して、就職をしたはずだ。大企業の社員になったのも自分の判断だ。就職の時点では自分の人生のゴールというものを考えて、選択をしていた。間違った選択かもしれないけれども、選択は選択だ。

ところが、会社に入った途端に、自分で選択することは許されなくなる。上司に聞いて、上司の判断を仰いで仕事をせよと教えられる。そこから先は、「自分で勝手に判断してはいけない」世界に染められていくのだ。

「このほうが出世できる」という思考法は奴隷根性の最たるもの

人間の成長過程では「反抗期」というものがある。多かれ少なかれ、高校、大学くらいまでは、「親の言うことを聞いたほうがいいか、親に逆らっても自分のやりたいことをやるか」ということでみんな悩む。親の言うことを聞く人は多いが、それも一つの選択だ。判断としては間違っているかもしれないが、親の意見を取り入れるという選択をする。

ところが、会社に入ってサラリーマンになると、選択そのものをしなくなる。そもそも会社の目的が「収益を上げること」なのだから、そこに属した人間のゴールは「会社の収益を上げること」にならざるをえない。もちろん、一定の幅があることは間違いないが、突きつめてしまえば、そういうことになる。それが明示的であれ、暗示的であれ、だんだんと「会社の収益を上げることだけがゴールだ」と洗脳されていく。

会社員生活を送っていて、「同期のこいつらよりも、少しでも早く出世したい」という気持ちが浮かんできたとしたら、会社にうまく洗脳されてしまったということだ。同期より早く出世するには、会社の収益を上げるしかない。

同期より早く出世しようがしまいが、自分のゴールではなく、会社のゴールを目指すように仕向けられているわけだから、それは会社の「奴隷」と同じ。「奴隷マインド」を叩き込まれているということだ。

そこから先の選択は、自分で道を選択したつもりでも、実際には、会社のゴールに向かってやらされているだけだ。「このほうが出世できるだろう」と判断して選択するのは、奴隷としての選択にすぎない。いわば奴隷根性の最たるものだ。

新人のうちは十分に会社に染まっていなくても、二〜三年もすれば、だいたい洗脳は完了する。入社して二〜三年を過ぎても「奴隷マインド」が育っていない人間は、うまくはじかれるシステムになっている。そういう人は、「この会社には合わない」と感じて自分から辞めていく。

残った人は、そこから先、二〇年間「奴隷」として育てられて、四〇歳になる。二〇年も奴隷を続けていたら、強固な奴隷マインドが形成され、そこから抜け出そうなど考えもしなくなる。

会社では上司の言うとおりに仕事をし、出世を目指す。そのシステムからはじかれると、安心して生きていけないので、その中にしがみつこうとする。中にいるととても安心できるのだ。

まずは、自分が入社以来「奴隷マインド」を持たされてしまったことに気づかなければいけない。それに気づかなければ、何も始まらない。自分のゴールを目指して生きていくのは、「奴隷マインドではない生き方をする」ということだ。

出世するほど、他社では通用しない「使えない人間」になる

自分が洗脳されていたことに気づき、「奴隷マインドを捨てる」と決意したら、その次がスキルの向上である。

日本の会社では、残念ながら一つの会社でしか通用しないスキルだけを身につけていく人が多い。

普通は、出世すればするほど、より抽象度の高い仕事をすることになるから、だんだんゼネラリストに近づいていく。ゼネラリストだから、一つの会社だけではなく、どの会社でも通用する普遍的な能力が身についているはずである。それは資本主義における当たり前のピラミッドシステムだ。

ところが、日本企業は違う。上に行けば行くほど、よその会社では役に立たない「使えない人間」になっていく。企業が転職市場で若い人を採りたい理由の一つはそこにある。一つの会社で長く務めていた人は、その会社でしか通用しない「癖」にがんじがらめになっていて、転職しても使えない可能性が高い。だから若い人を採用したいのだ。

本来のあり方からすると、実におかしな話だ。下っ端のうちは、ある一部分の仕事しかしないから、仕事内容は抽象度が低い。だが、ピラミッドを登っていくにつれて、全体を見る仕事が多くなり、あらゆる部門を把握しなければならなくなって、仕事内容は抽象度が高くなっていく。よその会社から声がかかってスカウトされたら、次の会社でも役立つ普遍的な能力が身についているはずだ。業種が違えば、その業種について細かいことを含めて一生懸命に勉強しなければいけないが、普遍的に通用するスキルもたくさん持っているはずだ。

しかし日本では、「うちの会社では部長が務まる」という人を育ててしまうので、他社に行くと、部長どころか課長も務まらなくなる。サラリーマン組織の企業風土はどの会社でも似たり寄ったりだから、ある程度は通用するが、リーダーシップを持って自分で組織を動かしていく能力はまったく身につけていない人だ。要するに、どうしても採りたい人ではないのだ。

日本の企業は、上に行くほど「リーダー」になっていくのではなく、上に行くほど「より忠実な奴隷」になっていく。奴隷度の高い人が出世して上がっていく仕組みになっている。

社長になっても、「奴隷」の務めは終わらない

忠実な奴隷になると出世できる。奴隷のリーダーとして奴隷度が高まると、中間管理職として「奴隷の長」の役割を任され、「奴隷の長」として勝ち抜いた人が社長に

なる。

では、社長になると、晴れて「奴隷」から脱することができるのだろうか。残念ながら日本社会では、そうではないケースが多い。ことに大企業になればなるほど、そうだ。社長になると、今度は経営者団体や業界団体の奴隷になる。社長や会長としてピラミッドの頂点に立っているはずなのに、経団連など経営者団体の言うことを聞く。業界の中で「右向け、右」というケースも多いだろう。そしてその中でより忠実な人が勝ち抜いて業界団体や経営者団体で大きな顔ができるようになる。

さらに言えば、最近の経営環境では、株主利益の最大化などということが盛んに言われる。かつては「社会貢献」や「社会の公器」ということが、ごく当たり前に語られていたが、アメリカ型の金融資本主義文化がどんどんと押し寄せてきて、「株主利益を最大化できない経営者は無能の極みだ」ということばかりが強調されるようになった。

こうなると、経営者とはいえ、馬車馬と同じだ。ムチで追い立てられて、利潤最大化のために、どんな悪路でも走らされる。かつての創業社長たちならば、多少の利潤が落ちても守るべきものは守れる力があったが、出世競争を勝ち抜いて社長になったサラリーマン社長は、「負ければ終わり」「いつ追い落とされ、解任されてもおかしくない」という強迫観念から逃れられることはない。

何の奴隷になっているのかは変わっていくとはいえ、少なくとも奴隷マインドは健在である。日本の社会は、出世すればするほど奴隷のリーダー度が高くなるシステムだ。

奴隷のリーダーというのは、上の人の言うことを忠実に聞いて、正確に下の人に伝える能力を高めることで昇進していく。だから人の話を聞いて、それをいかにも自分の言葉であるかのように下の人間に伝えることは得意だ。

日本のサラリーマンの頂点にいる社長はみなその能力に長けている。政治家も同じだ。誰かの言ったことを、自分の言葉で話す能力に長けている。党幹部の発言をそのまま繰り返している平の政治家は多い。政治家もみな奴隷マインドを鍛えて、党の中で出世していく。総理大臣も例外ではない。日本の歴代総理大臣は、アメリカに忠実に従い、アメリカの言うことをよく聞いている。

結局、日本では、総理大臣から新入社員まで「奴隷」しか生まれないような、ものすごいシステムをつくりあげてしまっている。奴隷というのは、自分の意思で行動しているわけではないので、責任逃れはできる。みんなで沈んでいくことになっても、誰も責任を取らずにすむシステムだ。

しかし、「自分でゴールを設定したい」という人にとっては、非常につまらない、物足りない社会システムである。

ホンネは違うのに、抜け出せないシステム

そもそも、普通のサラリーマンが「会社の利益のために働きたい」と本心から思っているとしたらおかしな話だ。そう思わされているだけなのに、自分の意思であるかのように勘違いしているのだろう。

大企業の社長にしても、「株主利益の最大化のために働きたい」などと、心の底から、自分の全人格をかけて思っている人はいるのだろうか。「株主利益」など、単なる抽象的概念だ。そこに、どんな「顔」が見えるというのだろうか。概念の利益のために働きたいという人はいないと思う。

みな本心では違和感を持っているのに、若いころからずっと洗脳され続けてきたために「奴隷マインド」から抜け出せなくなってしまっているのだ。

四〇歳まではひたすら「奴隷マインド」を鍛え上げられ、四〇歳くらいからは、「奴隷の長」の役割を任される。奴隷の長であっても、「長」という肩書きがつくから嬉しくなる。そこから先は、ひたすら上から来た言葉を下に伝える能力を鍛えていく。伝達するメディア性は非常に高くなる。

そういった仕事を何十年も続けていくうちに、いつのまにか自分より上がいないと何もできない状態にされてしまう。出世すればするほど、「上がいないと何もできない度」が高くなっていく。だから、社長になっても、会長になっても、まだ上が欲しいのだ。経団連のような経営者団体や、「株主利益最大化」という無味乾燥な目標があることは、社長、会長にとって、心理的には非常に安心できるシステムなのだろう。

日本の企業組織も、アメリカの企業組織もピラミッド型になっているが、日本のピラミッドとアメリカのピラミッドではまったく意味が違う。

アメリカの経営者の場合、三〇代で子会社という小さなピラミッドの頂点を経験し、自分で判断し、自分で選択することを学ぶ。四〇代でさらに大きな会社のピラミッドの頂点に立つ。ピラミッドのリーダーとしての能力を鍛えて、より大きなピラミッドのリーダーとなるから、自分の意思で選択する能力は高まっていく。

アメリカには定年退職という概念はなく、辞める時期を決めるのは自分次第。七〇歳、八〇歳になっても社長を続けている人もいる。それはみな本人の選択である。ピラミッドを登れば登るほど、自分で選択する能力は高まっていく。

日本の場合は、ピラミッドを登れば登るほど、上の言うことに忠実に従う能力が高まっていく。それでよしとするのか、それとも、「自分でゴールを決めて生きていきたい」と考えるのか。これも選択である。

ゴールは、民主主義か資本主義か

もう少し大きな視点で、ゴールというものを考えてみよう。現代社会においては、ほとんどの場合、ゴールは「民主主義のゴール」か「資本主義のゴール」かに大別される。民主主義と資本主義が現在の日本という国の基盤にあるからだ。

民主主義のゴールとは、簡単に言うと、より多くの人に支持されること。民主主義における成功者とは、人気者になることだ。一方、資本主義のゴールは、お金持ちになること。それが資本主義社会の成功者である。

正直に自分に問いかけてもらえばわかると思うが、誰でも「人気者になりたい」という気持ちと「お金持ちになりたい」という気持ちを持っているはずだ。民主主義社会かつ資本主義社会に生きている以上、その中で成功したいと思うのは当然のことだ。ほとんどの人は、この二つの狭間でバランスを取りながら生きている。

ゴールの表現の仕方、理解の仕方は、人によって異なる。人の支持を集めて、総理大臣になりたいのか、タレントとして売れたいのか、いろいろな形がある。お金持ちになる方法も、創業経営者としてお金持ちになるのがいいのか、サラリーマンとして社長になって会社のお金を動かすのがいいのか、人によって目指すところは違ってくる。ある程度のお金持ちになると、自分のお金と他人のお金の区別はなくなってくる。中央省庁の官僚になって、国家のお金を動かしたいと考える人もいるだろう。

いずれにしても、よほど変わり者でない限り、民主主義のど真ん中で成功したいか、資本主義のど真ん中で成功したいかの、どちらかだ。

民主主義と資本主義というのは、本質的には矛盾するものだ。資本主義は頑張った人が金持ちになる世界であるのに対し、民主主義は多くの人の幸せを目指す世界である。だから、矛盾するのは当然だ。資本主義を追求していくと、頑張った人から各々に幸せになっていく。一方、民主主義の基本は、多くの人が平等に幸せになっていくことにある。

この両者は矛盾するものなので、いかに両立させるか、どんなバランスにするといいのか、国家も個人もいろいろと模索している。

どうやって資本主義のゴールを追求するか、どうやって民主主義のゴールを追求するか、いかにして両者のバランスを取っていくか。それを追求するために学ぶのが「知識」である。基礎となる知識を大学までに学び、社会人になってからは、実践しながらさらに知識を学んでいく。

奴隷育成ばかりに熱心な日本企業は、もう勝てなくなる

リーダーに必要な抽象度の高いスキルは、けっして高度なものではない。大学の一般教養で学べる、資本主義や民主主義のど真ん中の知識を基盤にしたスキルだ。ど真ん中の知識を二〇年かけて身につける。四〇歳くらいまで学び続けると、一定の知識が蓄積されて、ゴール達成の道を考えられるようになる。いわゆる抽象思考ができるようになるということだ。そこからが、本格的にリーダーとして仕事をしていく時期である。

ところが、日本では資本主義のルールとも、民主主義のルールとも違うところで、スキルをつくっていく人が多い。

企業社会では、組織の中でより忠実な奴隷になり、より優れた奴隷のリーダーになるためのスキルばかりを身につけていく。上に忠実に仕事をするスキルが高まり、その会社でしか出世できない思考になっていく。

上へ行けば行くほど、他社では通用しなくなる。本業のスキルが身についていないとは言わないが、出世を決めるのが本業の実績ではなく、上への忠誠心など、本業以外の部分にあるのだから、資本主義のゴール達成などできるはずがない。徹底的に資本主義を追求している外国企業にいずれ勝てなくなる。

官僚の世界でも、キャリア官僚たちが国のことを考えていないわけではないが、出世を決める要因はそこにはない。いわゆる「省益」（自分が勤める省の利益）を最大化したり、天下り先の確保に成功した人が出世していく。あるいは経歴に傷がつかぬよう、当たらず障らずの仕事をしていた人が出世する。そういう組織では、出世争いに勝つことばかり考えていたら、国のことは二の次になる。民主主義のゴールと資本主義のゴールをいかに両立させるかを考えるのが国の仕事だが、その一番重要な仕事がおろそかになってしまう。

日本の組織社会は、ゴール達成と無関係の要因で出世が決まるから、いつまで経ってもゴールに近づけない。若いころからずっとその思考を身につけさせられるから、思考の抽象度が上がらず、抽象思考ができないままに終わる。

日本の企業は、社員の奴隷マインドを育てることばかりに熱心で、徹底的な資本主義のゴールを目指さない。「主体的にやっている人」と「奴隷」では、奴隷のほうが生産性が低いに決まっている。日本では、抜け駆けして奴隷制度をやめる会社が出てこないように社会の雰囲気がつくりだされているのだ。

政界でも、本当の民主主義をやろうとする政治家が出てくると、既得権益を守ることでうまい汁を吸っている政治家が困る。その一方で「民主主義」的なことを言えば何でも許されると勘違いして、無責任なことばかり主張するポピュリスト政治家も多くいる。そしてそういう無責任系の政治家の多くは、労働組合などの「既得権益」を守って、自分の票を確保している。

要するに、日本の社会は、本物の民主主義、本物の資本主義をやらないことで成り立っている社会なのだ。

スクラップ&ビルドをしない日本社会

日本と状況が似ていたのが、ヨーロッパ諸国だ。ヨーロッパ社会は歴史的に、一部の貴族が大金持ちで、大多数の人は貧乏人だった。そういう社会が各地域でずっと続いていたために、個人がゴールを追求しにくい社会で、生産性が低かった。しかし、EUになってからはスクラップ&ビルドをし始めた。

アメリカはいつもスクラップ&ビルドをしている国だから、生産性は高い。

日本はスクラップ&ビルドをほとんどしたことがない。明治維新という大きな出来事はあったが、いまだに徳川家も残っている。明治維新後に政治を動かす藩は変わったが、昔からの士族は生き残り、維新後も支配階級となっている。

逆に言えば、日本は本気でスクラップ&ビルドをしていないのに、資本主義と民主主義を制度として受け入れてしまった。社会の本質的なものは何も変わらず、表面的に資本主義と民主主義を受け入れただけだから、企業社会でも政治や官僚の世界でも、資本主義や民主主義のルールとは違ったものがまかり通る。資本主義の論理や民主主義の論理とは違った論理で動いている組織が多いのが実情だ。

第二次世界大戦後に大変革を迫られたが、それでも旧来型の社会システムは維持され、五五年体制以降は自民党支配が続いてきた。このシステムを崩したくないので、選挙ではみんなが自民党に投票する。反自民という人たちは、他に入れる党がないので共産党に投票し、共産党が議席を伸ばすこともある。だが、共産主義にしたいと思って共産党に投票している人はまずいない。せいぜい「自民党にお灸を据えたい」と思っているくらいだろう。

共産党が議席を伸ばすことは、世界には「コミュニスト・パーティが議席を伸ばした」として伝わるから、本来は衝撃的なニュースだ。世界に対していいニュースとしては伝わらず、日本のリスクとして見られる。「本質的には現状維持を望んでいる人がコミュニスト・パーティに投票している」などということは、日本人以外の世界の誰もが信じられないことなのだ。

第3章

とことん「ノット・ノーマル」に生きよ！

「ノット・ノーマル」だから国家元首が会ってくれる

私はコーチングの創始者であるルー・タイスの弟子だ。彼は世界的に活躍するコーチで、各国の大統領や首相、フォーチュン500の多くのCEOなど、国や経済を動かすトップクラスの人をクライアントに持っている。ルー・タイスに目をかけてもらい、「次はお前に任せたい」と言われて、いろいろな国の国家元首に紹介してもらったことがある。最初はビックリした。「俺が、大統領のコーチ？　本当？」という感じだった。

元元首や現在の元首、米軍の幹部、大企業のCEOなど、まさしく世界を動かしている人たちのところに連れていかれた。

ルー・タイスは私を紹介するときに、「こいつは、ノット・ノーマルな奴だ」と言った。大統領にいきなり「こいつはノット・ノーマルだ」と紹介するのだから驚いた。

いつもは革パンでどこにでも出かけていくので、「ノット・ノーマル」に見えるかもしれないが、大統領と会うときに、いつもそんな風貌で行ったわけではない。たまにはスーツを着てネクタイも締めて行ったこともある。髪の毛はいつも長いが、髪の毛は許してもらいたい。それなのにルー・タイスは「ノット・ノーマルだ」などと言う。

この言葉が、実は、褒め言葉だということがわかるまでにずいぶんと時間がかかった。彼にとっては最高の褒め言葉だったようだ。

世界最高のコーチだからできることだと思うが、よその国の国家元首に「ノット・ノーマル」な人間を彼は嬉しそうに紹介した。大統領のほうも、非常にありがたそうにこちらを見ていて、ものすごく喜んでいた。

不思議に思えるかもしれないが、これが世界のトップクラスの人間の思考法というものである。

ノーマルな人間なんて、大統領のまわりにはいくらでもいる。それこそ、ハーバード・ビジネススクール出身のノーマルな人間をスタッフにたくさん抱えている。忙しい大統領が、ノーマルな人間なんかにわざわざ会いに来たりしない。ノット・ノーマルな人間だから、「会ってみたい」と思って時間をつくるのだ。

国を動かす大統領たちは、様々な難題に直面している。ノーマルなスタッフたちの意見を聞いているだけでは、答えが出ないこともある。自分の思考の枠を広げるためにも「ノット・ノーマル」なものを必要としているのだ。

「ノット・ノーマル」は、「頼もしい」と言われる

先日、お世話になっている方に紹介されて、日本で多数の医療法人を経営して成功している方に会って驚いた。相手はだいたい年齢は私と同じ五〇代くらいで、ロック・ミュージシャンのような格好をしていた。いつも私がしている格好そのものだ。

その人と話をしながら、お互いにうなずき合ったのは、「我々って、けっこうおじいちゃん世代の人たちから好かれますよね」ということだった。我々を引き合わせてくれたのは、元大企業の会長でかなり偉い立場の方。そんな方たちが、ロック・ミュージシャンの格好をした我々を気に入ってくれて、わざわざ場を設定してくれて、引

き合わせてくれたのだ。

不思議なことに、我々を気に入ってくれるのは、役所では元次官クラス、大企業では元会長クラスのおじいちゃんたちだ。日本のメインストリームで成功した八〇代、九〇代の人たちは、ノット・ノーマルな人間が好きなようだ。「頼もしい。お前ら、もっと頑張れ」と言って応援してくれる。

楽天の三木谷浩史氏もおじいちゃん世代の人たちにはかなり好かれている。元ライブドアの堀江貴文氏も本当はおじいちゃんたちから好かれる要素があったと思うが、違法行為をしたために嫌われた。反逆的な人間が好かれるわけではなく、おじいちゃんたちがギリギリ許せるラインで、他の人とは違うことをしている人間が好きなようだ。

一方で、二〇代の人たちは我々をどう見ているのか。彼らの多くは、我々のことを「怪しい」と言っている。

ツイッターを読むと「苫米地先生は怪しいけど、本はおもしろい」などと書いてある。たしかに、五〇歳になっても長髪で革パンをはいてロックをやっているのが怪しく見えるのかもしれない。しかも、彼らが憧れる様々な価値体系を根幹から覆すような言論を展開しているので、「どれだけ怪しい奴か」と感じるのだろう。

日本を動かしてきたメインストリームのおじいちゃんたちからはなぜか好かれる。外国の国家元首たちは喜んで会ってくれる。その一方で、大学を出たばかりの日本の二〇代のサラリーマンは「怪しい」と感じる。

これが何を意味するか、わかるだろう。日本の若者たちがどれほど「ノーマル」の世界に洗脳されてしまっているかということの表れだ。

彼らにとって「怪しくないものは何か？」というと、お父さん、お母さんに褒められること、学校の先生に褒められることだ。サラリーマン社会で褒められる人は、怪しくないわけだ。

だが、四〇代、五〇代の人が、二〇代の若者から「怪しくない」と思われて、それで満足していいのだろうか。少なくとも、私自身は、広い世間を見ていない「二〇代の狭い思考の枠」の中に収まろうなどとは、けっして思わない。そんなことは、悲しいことでしかない。

四〇代になったら、二〇代から「怪しい」と思われるくらいでちょうどいい。怪しいと思われるのは、彼らの思考範囲の狭い枠組みを、人生経験の多い自分が超越しているということである。

二〇代、三〇代の「ヒツジ君」たちからは「怪しい」と思われたほうがいい。同世代の四〇代の人間には、ライバル視されて、彼らが攻撃してくるくらいでないといけない。少し上の五〇代の人から、自分のことをつぶしにかかられるくらいがちょうどいい。

そういう人は、八〇代、九〇代の、世の中を動かしてきた人たちからは、「面白い奴だ」「頼もしい奴だ」「次の時代は君たちに任せたい」と見てもらえるはずだ。

会社で言えば、現社長から気に入られているようでは大したことはできない。社長の言いなりに動かされるだけで終わってしまうだろう。今の社長が新入社員だったときに社長だった人は、今の社長のことを「こいつらじゃ、ダメだ」と思っている。もっと若手のノット・ノーマルな人間に会社の改革を期待し、次世代の会社を率いてもらいたいと思っている。

サラリーマンは、入社して四〇歳くらいまでの間に、ずっと「これが正しいんだ」と信じ込まされて自分の枠組みをつくりあげている。会社に飼い慣らされてしまった「ヒツジ君」に「未来を託したい」と思う人はいない。

若手社員や世間をまだ知らない大学生は、「一流企業の四〇代の社員はかっこいい」と思うかもしれないが、それは彼らの知識量が著しく乏しいためだ。そんな人たちから評価されても仕方がない。彼らから「怪しい」とか「胡散臭い」と思われたほうがはるかにましだ。

「これがノーマル」と信じ込まされたことを疑ってみる

自分の生きたい道を生きている人は、「ノット・ノーマル」な人を見ても、「怪しい」とはあまり思わない。自分に自信があるから、他人のことなど気にならないし、自分も多かれ少なかれ、「ノット・ノーマル」な生き方をしているから、「ノット・ノーマル」こそが「ノーマル」だと感じる。

それに対して、ずっと「ノーマル」路線で生きることを自分自身に強いてきた人は、「ノット・ノーマル」な生き方をする人を否定せざるをえない。そうしないと自分の人生が否定されたような気になってしまう。

会社に入って以来、周囲の価値観に合わせて生きてきた人で、五〇歳を過ぎた人は、自分の価値観を脅かす存在に対して大きな不安を感じる。自分の人生を否定するような生き方をする人間を見たくないので、見て見ぬ振りをする。

六〇歳、七〇歳を超えて、引退して余裕のある人は、もうどんな生き方を見ても自分の価値観が脅かされることはないが、五〇代くらいの人は違う。大企業に入って、会社の利益のためだけに生きてきたのに、会社は自分に冷たく当たり、五〇代に入ると会社を追い出されて子会社に行かされる。そんな人は、同い年くらいで自由に生きている人のことは見なかったことにしたい。

四〇代、五〇代になると、リストラや出向の対象者になり、嫌でも自分の人生について考えさせられる。

長寿時代には四〇歳から先もまだ長い人生が残っているから、四〇歳を過ぎたら、自分の「生き方」を一度きちんと見つめ直してみることが必要だ。

私は、読者の方に「ノット・ノーマル」な生き方をおすすめしたい。

「これがノーマルだ」と信じ込まされていることを疑ってみることが「ノット・ノーマル」だ。きっと新たな世界が見えてくるはずだ。

注意してほしいが、私は「アブ・ノーマル」な生き方をせよ、と言っているのではない。私は「非凡に生きよ」「脱常識で生きよ」と言っているのであって、けっして「異常に生きよ」「変態的であれ」「非常識になれ」と説いているのではない。

タイムカードを一切押さなかったサラリーマン時代

私は大学を卒業して三菱地所に入社したが、入社後、タイムカードなるものがあることを知って、上司に反発した。

「私は時給で働くために、この会社に入ってきたわけじゃありません。タイムカードは押しません」

そう言うと、上司は、「まあ、そう言うな」となだめてきた。彼が言うには、会社が押せと言っているのではなく、組合との関係で押さざるをえないのだという。当時は、ガードマンなど現業と呼ばれる人も同じ組合に入っていて、組合との取り決めで、タイムカードを押すことになっていると説明された。本当かどうかわからないが、まあ、そういうことらしい。

それでも「私は、タイムカードは絶対に嫌です」と答えて、ボイコットしてタイムカードを押さなかった。クビにできるなら、してみろという気持ちだった。

ずっとタイムカードを拒否していたわけだが、あるときタイムカード室に行かざるをえない事件があった。

私は経理に配属され、総勢五〇～六〇名の大きな部屋にいた。経理は、いくつかの部署に分かれているが、財務と出納が癒着するといけないからか、財務が一方の端にあり、出納がもう一方の端にあった。私は財務担当だ。

当時、出納の先輩女子社員にすごくかわいい子がいて、コンパのときからずっとそう思っていた。だが、こっちは財務で、向こうは出納。部屋の端と端で遠く離れていて話すこともできないが、私が彼女を気に入っているという話が、どこかで伝わったらしい。

その彼女が、私に手紙を書いたと伝言してきてくれた。なんと、タイムカードにそのお手紙を挟んだという。

タイムカード室には絶対に行かないと決めていたが、お手紙は見たい。上司に仕組まれている気がしたが、そっとタイムカード室に入り、自分のタイムカードを探してみた。すると、本当にクリップでお手紙が挟んであった。

ゼムクリップはハート型に折り畳んであった。ＯＬはみんなそうしていたのかもしれないが、ハート型のゼムクリップを見たのは初めてだったので、嬉しくなってお手紙を読んだ。内容は他愛もないことで、お友達になりましょうみたいなことだったと思うが、ものすごく嬉しくなった。

と、そのとき、ふとタイムカードを見ると、毎日きちんと打刻してある。だいたい朝七時半前後に出社したことになっていた。

七時半に出社している人間は一人しかいない。私の上司だ。当時の経理はコンピュータ会計ではなく、ソロバンを使っていた。上司は朝早く来てソロバンで計算をして、仕事をしていた。

三菱地所は、東京丸の内の三菱村の大家さんだから、テナントの会社に迷惑がかからないように出社時間をずらしていた。他の会社はだいたい九時出社だが、同じ九時始まりにしてしまうと、人が混雑するので、一五分遅らせた九時一五分を出社時間にしていた。だから、三菱地所のほとんどの社員のタイムカードは九時一二分、一三分ごろだ。それなのに私だけは七時半にタイムカードが押してある。

七時半に来ているのは、私の上司一人だということはみなわかっていたから、その上司が私のタイムカードを押していることは、人事にもバレていたはずだ。部下がタイムカードを押さないと管理能力が疑われるので、私のタイムカードを押していたのだと思う。

私は上司のところに行って、

「私は自分のポリシーでタイムカードを押していないんです」

と言うと、

「まあ、そう言うなよ。わかった、わかった」と困った顔をしていた。

それで私は、ここは自分が折れなければいけないと思って、

「わかりました。じゃあ、今後押していいです」

と言った。

とんでもない新入社員だが、その後もずっとタイムカードは上司が押していたようだ。

タイムカード室に入ったのは、ラブレターをもらうために入った一回だけ。あとは

入ったことがない。おそらく上司やまわりの人間からは「変な奴だ」と思われていただろう。まさにノット・ノーマルだ。

けれども、けっしておかしなことをしたわけではない。三菱地所の人に聞くと、今はもうタイムカード制度はないという。どこかの段階でタイムカード制度はなくなったらしい。私のほうが一〇年か二〇年早く、「必要ない」と判断しただけで、後から会社が追いついたようなものだ。

世の中には、そういうたぐいのことはたくさんあると思う。必要かどうかを判断した上で続けているのではなく、従来からずっとやってきて、惰性でなんとなく続けているものがある。そういうことに気づくには、飼い慣らされたノーマルな状態では無理だ。ノット・ノーマルでないと気がつくことすらできない。

モーターボートで新入社員歓迎会に出席

新入社員のときには、いろいろと「ノット・ノーマル」なことをして会社にセンセーションを巻き起こした。

会社に入社すると歓迎の飲み会がある。私は、歓迎会の当日、仕事が遅くまでかかってしまった。

当時は、経理部ではソロバンを使って計算していた。先輩たちから、「うちの会社は桁が億単位だから、計算機に100000000と打つより、ソロバンで一億のところに珠を一つ入れたほうが速いだろう」と言われて、ソロバンを覚えることにした。一年後に財務に移ってからは計算機にデータを入れて計算したほうが速かったので、騙されていたのかもしれないが、ともかく三カ月間ソロバン学校に通って、足し算だけはできるようにした。

ソロバンなんかやったことがないので、ソロバンを使うと時間がかかる。新入社員歓迎会の日も帳簿が合わず時間がかかった。歓迎会の時間には少し遅れそうな状況だったが、何とか間に合うと思って会社を出た。

歓迎会の場所は料亭のような名前が書いてあったので、料亭だと思っていたが、現地に着いてみると屋形船の乗り場だった。ほんの少し遅れただけだったが、もう船は、出てしまった後だった。うかつにも、屋形船での歓迎会だとは思いもしなかったのだ。

経理に入ったのは、男二人、女二人の四人しかいない。そのうちの一人が歓迎会に出ないのはさすがにまずい。せっかく歓迎してくれるというのに、主人公が出ないのは失礼に当たる。そこで、乗り場にいた船頭さんに必死になって説明して、何とかならないかと交渉した。

そうしたら、船頭さんが「よっしゃ、わかった」と言ってモーターボートを出してくれることになった。たぶん三菱地所はお得意様だったから融通を利かせてくれたのだろうと思う。

モーターボートに乗ると、ものすごいスピードで東京湾の洋上に出て、屋形船に追いつき、ファン、ファン、ファンと大きな音を出しながら屋形船に近づいていった。屋形船に乗っている先輩たちは「何事が起こったのか」と思っただろう。船頭さんにお礼を言ってモーターボートから屋形船に乗り込んで、歓迎会に「途中参加」した。

このことが社内で話題になって、「経理の新人は、モーターボートで現れた！」という話が広まった。

仕事が遅いのは「ごめんなさい」だが、帳簿はきちんと合わせてから会社を出た。

仕事で迷惑をかけたわけではない。遅れたとはいえ、新入社員歓迎会にもきちんと出席した。

モーターボートから屋形船に乗り込むというのは、「ノット・ノーマル」かもしれないが、やるべきことをやったら、たまたま「ノット・ノーマル」になってしまっただけだ。まわりから見ると「ノット・ノーマル」に映るが、自分は間違ったことはしていないという確信はあった。

派手なネクタイで出社したら会社でブームになった

新入社員のときに社内で引き起こしたブームがある。三菱地所の先輩たちは、色のくすんだ地味なネクタイをしていた。服飾規定があったのかどうかは知らないが、新入社員もみな、先輩に合わせようとしてダークスーツを着て地味なネクタイをしていた。私はスーツの色は先輩たちに合わせたが、ネクタイだけはヴェルサーチの金色の派手なタイを毎日していった。

最初は先輩たちに衝撃を与えたかもしれない。でも、しばらくすると、先輩も上司もみな派手なネクタイをするようになった。要するにネクタイの色に関する取り決めなど何もなかったのだ。ただまわりに流されて、まわりに合わせて、従来どおりにしていただけだ。

上着を脱ぐと派手なネクタイが目立つので顔をしかめる人もいたかもしれないが、私としては会社のルールはきちんと守っていた。Tシャツで会社に行ったわけではないのだ。

新人研修では「襟元に三菱バッジをつけろ」と言われていた。Tシャツにバッジはつけられないから、暗黙の了解としてスーツを着ていくというのは決まっていた。年齢の行った先輩たちは、電車の中で格好悪いので三菱バッジをつけていなかったが、新入社員はきちんとつけていた。私もまじめに三菱バッジはつけて行った。ただ、ネクタイだけは金色のヴェルサーチだ。

本当は、バッジなんかつけなくてもどうということはない。世の中に知られていない会社なら、社員が襟元に社章をつけて電車に乗ることで無料の企業広告をしていると思えばいいが、三菱のスリーダイヤは宣伝しなくても、みんな知っている。

あのバッジは、三菱グループの人が仲間意識を持つためにつけていたのだと思う。同じスリーダイヤでも、会社ごとにサイズなどが微妙に違っている。見ればお互いにすぐわかる。「あっ、重工の人だ」「銀行の人だ」「地所の人だ」とわかるのだ。軍隊の階級章のようなもので、グループ心理をつくるためにつけているのだろう。

そもそも、背広にしても、必ず着なければいけないわけではないと思う。おじいちゃん世代の人たちが背広を着ていたのは、自分が着たいから着ていただけだ。当時は、会社に背広を着て行きたくても、お金がないから背広を買えない時代だった。そういう時代を経験してきた人たちは、上の人に言われて背広を着ていたわけではない。「あんな服を着てみたいなあ」と思って、背広を着ていたのだ。

日本という国をつくりあげる時代が終わってから育った世代は、誰でも背広を買えた。彼らが会社に入ったときには、背広を着ることがすでに会社の慣習になっていた。「着たいから着た」のではなく、「みんなが着ているから着た」のである。

さらに時代が進んで、今は、背広を着て会社に行くことに誰も何の疑いも持たない。背広を着ていくことが常識であり、ノーマルだと信じ込んでいる。その枠組みから外れて、仲間外れにされることのほうが怖いと思っている人が多い。

昔の人のように、自分の意思で背広を着て会社に行っているのではなく、背広を着ていかないとノーマルと見てもらえないから着ていっているだけだ。

なぜ会社中の女性社員が誕生日を教えてくれたか

こんなこともあった。

同じ経理部にいた税務係の先輩の女性の誕生日をたまたま聞いたので、誕生日に花束でもプレゼントしようと思った。

昔の丸ビルには一階に日比谷花壇が入っていた。その先輩女性の誕生日当日に、少し早めに会社に行って、日比谷花壇で「今日、誕生日の女性がいるんで、花束をつくって下さい」と頼んだ。ところが、時間がかかりすぎて始業時間が過ぎてしまった。

少し遅刻して部屋に入っていくと、一斉にこちらに目が向いた。私は花束を持って、税務の先輩女性のところに行って「誕生日おめでとうございます」と言って花束を渡した。みんなから「オーッ！」という声が上がった。その先輩女性はものすごく喜んでくれた。

その後、会社中の女性社員が誕生日を教えてくれたことは、言うまでもない。

さすがにすべての部の女性に持っていくわけにはいかないが、経理部の女性、それと隣の部や関係する部の女性には誕生日のたびに花束を届けた。毎週のように日比谷花壇に行って花を買っていた。大変だったが、間違ったことをしているとは思わなかったので、すごくおもしろかった。

ノット・ノーマルになってこそ本当のゴールが見える

ルー・タイスは、「ゴールが先にあり、その他すべては後から生まれる」と言っている。だが、ゴールそのものを見つけられない人が多い。

ゴールというのは、現状の外側にある。現状の外側は、そんなに簡単には見えない。日本型組織のサラリーマン社会の中で、「同期よりも早く出世すること」が自分のゴールだと思い込んでいる人ばかりを見て生きていると、自分のゴールを探そうと思っても、もう見えないに状態になってしまっている。

まず、ゴールを見える状態にすることから始めよう。意図的にゴールを見つけようとしなければ、ゴールは見つからない。

ゴールは、現状の外側にある。「同期より早く出世したい」とか「もっとボーナスをたくさんもらいたい」と考えているノーマルな人間には、自分の本当のゴールは見えない。ゴールを見えるようにするには、ノット・ノーマルにならないといけない。

ノット・ノーマルと言っても、犯罪的なことをするわけではない。法律を守った上で、誰も疑わないで続いている慣習やしきたりを「本当にそれって、正しいの？」と疑ってみるだけだ。

一例を挙げると、私が疑問に感じているのは、国会になぜ服飾規定があるのかということ。女性議員がショールで入場しようとしたら、入れてもらえなかったことが報道されている。そんな規則が本当に必要なのか疑わしい。

今はあまり行かなくなったが、以前は、議員会館によく行く機会があった。私はいつも革パンをはいて、鎖をジャラジャラさせていくので、必ず入り口の金属探知器に引っかかる。毎日のように議員会館に行っていたので、ブザーがピーピー鳴っていても、守衛さんは「もういいですよ」という顔をする。

でも、きちんと鎖をはずし、ブザーが鳴らなくなるまでゲートを何回も通ってから、会館の中に入っていた。面倒くさいと言えば、面倒くさいが、それでも革パンをはいていったし、鎖もはずしていかなかった。議員の人たちから「苫米地さんはいいですね。いつも好きな格好ができて。我々は好きな格好ができないんですよ」とよく言われた。そのときに初めて服飾規定というものがあることを知った。

アントニオ猪木議員は、国会に入るときにはトレードマークのマフラーをはずしているそうだ。猪木議員のマフラーがなぜダメなのか。まったく意味のない服飾規定だ。

本来、こんな規定は憲法違反ではないかと思う。寒ければマフラーをしようが何をしようが、まったくかまわないはずだ。議員が風邪を引いたらどうするのか。世界中で人権のない場所は、日本の国会ではないかとすら思う。

マフラーが武器になるというのであれば、それを持ち込ませないのは合理性があるが、マフラーを規制するのは単に「ノット・ノーマル」だからだ。服装が「ノーマル」でないとダメだという、憲法の規定にはない、誰が決めたかわからないものに縛られているのだ。

もちろん、天皇陛下が臨席される折に礼服を着ましょう、というのはよくわかる。天皇陛下に対する礼儀である。私だって、そういうときには革パンははいていかない。

だが、普段は関係ないはずだ。お互い選挙で選ばれた人同士が国民の権利をどうするかを話し合う最大の場なのに、自分たちが着るものさえ自由に決められないのはおかしな話だ。自分たちが事実上の制服に縛られているのに、「学校の制服をやめましょう」と言っている政治家がいるのは理解に苦しむ。

日本国民の代表である国会議員が、誰が決めたかわからない「ノーマル」と呼ばれるものに縛りつけられている。彼らは自分たちの意思によって何でも決められる人たちだ。それなのに、自分の意思ではないところの「ノーマル」という実体のないものに動かされてしまっている。結局、日本の総理大臣も、閣僚も、議員も「ノーマル」な世界にどっぷりと浸かっている人たちなのである。

何歳からでも「ゴール」は持てる

四〇代からでも生き方は変えられるし、ゴールを見つけることもできる。生き方を考えておかないと、そのまま惰性で人生を歩んでいくことになる。「何のために生まれてきたのか」というテーマについて、見て見ぬ振りをして生きていくのならいいが、壁にぶつかるたびに、嫌でもこのテーマを突きつけられることになるだろう。その都度、このテーマを考えないようにして、ひたすら無視して生きていくしかない。

昔から日本社会は、こんなに「ノーマル」に縛られる社会だったのだろうか。まったく、そんなことはない。明治時代は、とてつもなく元気な時代だった。陸奥宗光、原敬、高橋是清などをはじめ、上司とそりが合わないと、平気で中央省庁を辞めて、しばらくするとまた役人をやっていたり、まったく違う道に進んだりという人が多かった。「公務員」の世界ですら、そうだったのだ。

戦後の高度経済成長期だって、日本のモーレッツサラリーマンと言われた人たちは、けっして「常識人」とは言えなかっただろう。

ところが、高度成長期が終わって安定成長期に入ると、多くの人が「公務員」的な考え方をするようになった。

現在の大企業の社員は、実態としては「公務員」のようなものだ。新しい時代を切り開く必要はなく、言われたことを言われたとおりにやっていればいい。背広を着て地味なネクタイをして毎日会社に行く。仕事はつまらないかもしれないが、言うことを聞いていれば、食いっぱぐれはない。マイホームを持って、ペットを飼って、孫の顔を見て安心して死んでいける。

それは一つの生き方だが、それだったら、社会主義国家にでもしたほうが、誰もがそういう生き方をしやすくなる。

ノット・ノーマルでも正しいことなら受け入れてもらえる

私の場合は、入社当初から「ノット・ノーマル」を貫いていたが、それでも差別されることなく、普通に同期と同じようなポジションを与えてもらえた。法律違反のことをしていたわけではないし、会社にとっては何の問題もなかったからだ。タイムカードを押すことを拒否していたけれども、「タイムカード制度をなくせ」と主張したわけではないし、「社則を変えろ」と言ったわけでもない。ただ、自分が押さなかっただけだ。

「なぜ押さないのか」と言われたら、人事部長だろうと、社長だろうとディベートして勝つ自信はあった。アルバイトとして採用された人や現業の人なら、時間で管理されて、時給が支払われるというのはわかる。しかし、我々は事務方の正社員として採用され、定額の月給が支払われている。事実上の年俸契約のようなものだ。年功序列かつ終身雇用で絶対にクビにならないことが三〇年間くらい保証された立場だから、タイムカード制度なんかあってもなくても同じだ。仕事が終わるまできちんと働く。

現実問題として、経理部門では、決算期のころは就業時間が毎日一八時間くらいになる。タイムカードをまじめに押したほうが、かえって「労働時間が長すぎる」と組合から怒られることになったのではないかと思う。

当時は、タイムカードをまじめに押している人でも、誰も残業はつけていなかった。タイムカードをいつ押していたかは知らないが、押してから残業をしていたのだろう。いわゆるサービス残業が当たり前の時代だった。

私の場合は、タイムカードそのものを押していないから一八時間働いても何の問題もない。その分の残業代を払う必要もない。人から「ノット・ノーマル」と思われようとも、自分のほうが正しいという確信はあった。時給制ではないのだから、タイムカードを押す必要はないのだ。

誕生日の先輩に花束を贈ったのも、そのほうが良いことだと確信を持っていたからだ。みんな恥ずかしいから花を贈らないだけで、本心では贈りたいと思っていたのだと思う。だから、まわりの人は、ある程度認めてくれていた。人事には「ノット・ノーマル」ぶりがバレていたと思うが、それでもロックフェラーセンター買収担当をさせてくれた。

そのまま会社を辞めないで残るという選択肢もあった。ロックフェラーセンターの取締役くらいにはなれたかもしれない。

会社を辞めると上司に伝えたときに、心の中では「よかった、やれやれ」と思っていたかもしれないが、「よし、すぐに辞めてくれ」とは言われなかった。一応、引き留めはされた。ノット・ノーマルでも特に問題はなかったのだ。

どのくらい「ノット・ノーマル」にするか、つまり、ノーマルの枠からはみ出す範囲は自分で決めればいい。ものすごくノット・ノーマルでもいいし、少しだけノット・ノーマルでもいい。ネクタイの色だけ少し派手にするといった程度でもいいのだ。会社の人は、文句なんか言わないと思う。

いずれにしても、自分の枠を超えなければ、物事の本当の姿は見えてこない。この先、定年を迎え、歳を取って死ぬまで、現状のままの生き方を続けていくしかなくなる。

出世なんか気にすると、ゴールは見えなくなる

「ノーマルじゃないことをするのは、何となく怖い」とか、「そんなことをしたら、出世に響くのではないか」などと思っていると、自分のゴールは見えなくなる。ゴールが見えて初めてこれから何をするかが決まる。ゴールが見えなければ、一生、誰か

の奴隷で終わってしまう。

私が三菱地所を辞めた理由は単純で、私の場合、自分より一人でも上に上司がいるのが、どうにも性に合わなかったのである。自分に上司がいると、自分で好きなように物事を決められないからだ。ジャストシステムに移って、創業者の次の地位にしてもらったが、それでも上に創業者がいる。創業者を超えることは絶対にできないと思ったので、ジャストシステムも辞めた。

社長業というのは面倒くさい仕事がたくさんあるし、給料も払わなければいけないから本当はあまり好きではないが、上司がいないのは社長職だけだから、現在は社長業をしている。

私は会社を辞めたが、会社の中で、本当に自分にもっともふさわしいゴールを見つけた人は、そのまま会社員を続けていても何の問題もない。ゴールをふまえて、会社に残ることを選択したというだけだ。ゴールがある人は、どういう選択でもできる。

おそらくアントニオ猪木議員も自分なりのゴールを持っている。だから、議会でマフラーをはずすこともいとわない。記者会見をして、文句を言うこともしない。そんなことで揉めること自体が自分のゴールに合わないと思っているからだろう。ゴールがある人にとっては、すべてが自分の意思による選択になる。他人に流されて、ただ従っていることはない。

堂々と、自分が正しいと思うことをすればいい

ゴールは自分のいる世界の枠の外にある。ゴールを目指している人は、枠を外れているわけだから、他人から見ると「ノット・ノーマル」に見える。だが、それでまったくかまわない。わかっている人は、きちんと評価してくれる。

私の場合は「ノット・ノーマル」路線だから、師匠であるルー・タイスの言うことすら聞かなかった。シアトルのルー・タイスの会社には、要人が宿泊できるスイートルームが用意されている。そのスイートの前に巨大なリビングルームがあり、奥にルー・タイスのオフィスがある。

シアトルに行くと、ルー・タイスから必ず「お前も経営会議に出ろ」と言われる。「私、経営者じゃないですから」と言っても、「何を言ってるんだ。出ろ」と言う。ル

ー・タイス以下五、六人で集まる幹部会議だから、出席を求められることは光栄なことだが、朝七時くらいから始まるので、拒否していた。

スイートで寝ていると、「苫米地はどこ行った?」という声が聞こえてくるが、それでも出ていかなかった。朝遅いのが自分のスタイルであり、せっかく「ノット・ノーマル」と言ってくれたのだから、「ノット・ノーマル」を通した。一〇時くらいになって「おはよう」と部屋に入っていった。

こんなふうにノット・ノーマルぶりを貫いていたが、それができたのは、おそらく中学生のころにアメリカで育った経験があるからだと思う。もともと自分の中に「ノット・ノーマル性」はあったのだろうが、アメリカ文化を学んだことで、それを貫いていいのだということを知った。

日本人は驚くと思うが、アメリカの学校では、授業中に堂々と飯を食っている生徒が何人もいた。先生は誰も注意しない。むしろ、それを容認している。朝食を食べてこなかった生徒が、腹ペコのまま午前中の授業を受けるより、糖分をとってから授業を受けたほうが効率的に勉強ができると考えているのだ。だから、日本の早弁のように、授業の合間に隠れてコソコソと食べる必要はない。授業を受けながら堂々と朝食を食べていても、注意されることはない。

アメリカの考え方は、「朝食抜きのほうが子供に良くない」というものだ。学校に制服がないのも当たり前だった。そんな環境で中学生のときに育ったので、「自分が正しいと思うことをすればいいのだ」という考え方が身についた。

アメリカの文化がすべて良いとは思わないが、まわりに流されないで、自分が正しいと思ったことは誰が何と言おうと貫ける点は、日本よりもはるかに良いと思った。

自分を縛りつけている「ブリーフシステム」をぶち破る

ゴールを見つけるには、自分の殻を破らなければいけない。コーチングでは、自分を縛っているものを「ブリーフシステム（信念のシステム）」と言う。

「自分を縛っているものは何か？」ということを突きつめていくと、実は、自分を縛っているのは、親でも学校でも会社でもないことがわかる。「親の言うとおりにしなければいけない」とか、「学校の規則に縛られている」と自分が思っているだけであって、本当は「自分のブリーフシステム」に自分が縛られているのである。

つまり、自分が自分を縛っているということだ。

自分の頭の中の話だから、ブリーフシステムを破ることは、それほど難しいことではない。やれば誰でもできる。

成人になると、親から「こうしなさい」「これはしちゃダメだ」と言われても、親の考えを受け入れるかどうか自分で決めることができる。親の考えを受け入れたのは、自分自身だ。

会社に入ると会社の常識を教え込まれるが、受け入れることもできるし、拒否することもできる。受け入れたのは自分自身だ。

外部から入ってくる情報は、最初は自分自身のものではないが、受け入れた時点で自分のものになり、それによって自我がつくられていく。結局、今の自我をつくったのは、誰でもない、自分である。

「会社の利益のためになることをするのが一番いいことだ」「常識から外れないことが大事だ」という情報を受け入れて、今日まで過ごしてきたのも自分自身だ。一度、それらのすべてをご破算にして、本当にその情報を受け入れていいのか考えてみる。

それがゴールを見つけるのに必要な作業だ。

おかしな「しきたり」は変えろ

三菱地所の同期の人間はみな管理職になっているが、今でもたまに同期会に呼んでくれる。彼らに聞くと、私が新入社員のときに疑問に思っていたことの多くは、結果的に、何十年か後には改善されている。

一番違和感を持っていたのは、「はさみ板」というものだ。昔は、決裁書類ははさみ板というものに、パチンと一枚だけ挟んであり、それを管理職が回していた。「○○致し度《たし》」と書いてあり、その書類にハンコを押して上の人に回す。部長クラスになると、決済する案件が多いから、はさみ板が机の上にたくさん積まれて、山のようになっている。

だが、そんなはさみ板は本来は必要ない。紙一枚ごとにわざわざはさみ板をつけなくても、紙一枚のペラだけでハンコは押せる。「こんなの、おかしい」と直感的に思っていた。その直感は間違っていなかったと思う。

今は、はさみ板なんていうものは、どの会社も使っていない。一九九〇年代には電子メールの時代が来て書類の枚数は減り、今では電子決裁が行なわれている。それが当たり前だ。「はさみ板」という言葉そのものを今の新入社員は知らないと思う。

新入社員というのは、外部の人間と同じ感覚を持っているから、直感的に「おかしい」と感じることはたくさんある。それなのに、ほとんどの人は、「おかしい」ことを受け入れて、会社に洗脳されていく。

五年、一〇年と経っていくと、自分が「おかしい」ことをしていることにすら気づかなくなる。三〇代、四〇代になって、管理職になると、今度は「おかしい」ことを部下に押しつける側になる。

三菱グループの場合、明治時代から事業をしているから、私が入社したころには、明治時代のままのしきたりがたくさん残っていた。きっと、今でも、いくつかは、明治時代のしきたりが残っていると思う。だが、社内の人たちは、慣れてしまっているから、「おかしさ」に誰も気づかない状態になっている。

はさみ板をなくすことくらい、ものの三分もあれば決められることだ。誰かが「これ、いらないんじゃない」と言って、上司が「そうだな」と判断し、上の人に電話をして、電話を切ったときには、全社一斉にはさみ板制度は廃止されている、というくらいが現代のビジネスのスピード感だ。

ところが、はさみ板一つ廃止するのにも、日本の会社は時間がかかりすぎる。稟議書をつくって、各部署に諮《はか》って、役員に根回しをする。戻されて、またやり直す。そんなふうにして、一年くらいかかってしまう。三分で終わることを一年かけてやっているのだから、ものすごく生産性が低い。それなのに、自分たちが、生産性が低いことに誰も気づいていない。

企業の場合は、一応「収益」という概念があり、生産性を上げないとライバルに負けてしまうから、まだ、マシなほうだ。少なくとも生産性を上げなければいけないというプレッシャーは働く。しかし、役所にはそんなプレッシャーはない。予算を増やして人を増やせば大方の問題は片づく。日本の官僚システムや自治体のシステムは著しく非効率であるが、まったく手がつけられていない。

そんな非効率な職場に憧れて、多くの若者が「公務員」を第一志望にして就職しようとする。「食いっぱぐれはない」ということが最優先されてしまう。公務員になれば、多少は威張れるかもしれないが、非効率な世界で一生を過ごさなければならないのだ。

与えられたもので満足するのか、与える側になるか

フランスの経済学者トマ・ピケティが書いた『二一世紀の資本』という本が全世界で大きな話題となった。ピケティの主張を、ごくごく簡単にひと言で言えば、「資本主義では必然的に格差が拡大する。だから、資産家に課税して（資産課税、累進課税、相続税など）、所得の再分配を行なうべきだ。しかも、一国だけでやると、資産家は有利な場所に財産を移すだけかもしれないので、国際的な枠組みで資産課税をしていくべきだ」というものだ。

だが、この主張は私とは相容れない。彼が提示するソリューションは、税制を変えるというものだ。資産家をターゲットにした課税で格差を埋めるというものだが、この手法は、本当に民主主義と言えるのだろうか。

所得格差をなくすために、税制を変えて、資産家から税金を取り、貧乏人に分配するというのは、社会主義の論理だ。貧乏人が役人からお金を配分してもらうことは、民主主義でも何でもない。

そんな社会主義的な発想が、社会全体に広がって、みんなが「自ら主体的に何かを獲得しよう」とするのではなく、「他人に何かを与えてもらいたい」と考えるようになったら、まったくもって世も末だ。

大学を出てすぐに創業することが良いことかどうかは一概に言えないが、ハーバードやスタンフォードのトップクラスの優秀な人たちは、大企業には行かずに、自分で創業しようとする。それこそが、民主主義であり、資本主義である。他人の足を引っ張って平等にするのではなく、自分の力で道を切り開こうとすることが、民主主義の大前提であるはずだ。

一方、日本の子供たちが、「公務員になりたい」などと言うのは、「権力と金を他人から与えてもらいたい」と言っているのに等しい。

官僚の権力というのは、他人から与えられた権力だ。官僚が動かしている税金も、他人から与えられたお金である。日本の子供たちの憧れの職業が、そんな官僚＝公務員だということは、つまり、日本では「他人から与えられた権力やお金」を前提にする生き方が子供たちの目標になっている、ということである。

これは本来の民主主義の発想とはまったく違った考え方である。他人に自分の運命を委ねるのは、まさしく「奴隷」のような生き方である。

日本のサラリーマンは中国の国営企業のメンタリティと同じ

官僚というのは、建前上は国会議員のサポート役であり、国会議員が決めたことを執行する事務官たちだ。ところが日本の場合は、官僚機構が国会議員とは独立した一つの権力となってしまっている。国会は「立法府（法律をつくる場）」だと言われるが、実際に法律のほとんどをつくっているのは官僚である。国会議員は多数決で投票しているだけだ。しかも、その投票にも党議拘束があり、党の決めたとおりに投票しないと党から除名されてしまう。国会議員ですら、政党のサラリーマン化している。官僚はその実情を知っているので、政党の幹部に働きかけ、党議拘束で下々の国会議員に賛成票を入れさせて自分たちの思いどおりに権力を動かしている。

これでは民主主義とは呼べない。官僚が独立した権力として存在しているのは、まさしく社会主義的である。

同じように、現代の日本社会では、「大企業に正社員として就職したい」という人たちも「社会主義的」だ。

明治初期や、終戦直後は、自分たちで道を切り開いていかなければいけなかったから、社員が主体性を持っていなければ企業はやっていけなかった。

だが今や、低成長とはいえ、日本経済は大きく発展したために妙な安定感がある。社員たちも「主体的に道を切り開く」というよりは、「寄らば大樹の陰」という考え方のほうが多かろう。主体性を持たない社会主義的論理がどんどん広まっている。

今や、日本の大企業に勤めるサラリーマンのメンタリティは、中国や旧ソ連の「国営企業のメンタリティ」と「そっくり」になってしまっていると言ってもよかろう。

「大企業の正社員になりたい」というのは、「社会主義国の国営企業の従業員になりたい」と言っているようなものだ。

四〇歳を過ぎた人は、自分の発想が「国営企業のメンタリティ」になっていないかどうか、あらためて問い直さなければいけない。

他人から与えられて喜ぶのは「奴隷マインド」の証拠

あなたは、どんなことに嬉しさを感じるのか、自分に問いかけてみてほしい。

「同期よりも出世したら嬉しい」とか「ボーナスが増えたら嬉しい」と思っているのだとしたら、「他人から与えてもらうことが嬉しい」と考えていることになる。出世というのは、社長や人事部によって与えられたものだ。あくまでも他人任せ。社長の意向次第、人事部次第だ。

サラリーマンは、ボーナス日には「嬉しい」と思うだろうが、ボーナスも他人から与えてもらうものだ。

逆に考えてみてほしい。もし、あなたがボーナスを与える側だったら、どうか。多額のお金が一挙に必要となるボーナス日は、きっと大変なことばかりで、全然嬉しくない日になるだろう。そんなボーナスを「与えてもらって、嬉しい」と思うということは、つまり、飼い慣らされているということなのだ。

まず、そのように、もらうことばかりを喜びにするような「奴隷マインド」のメンタリティから問い直さないといけない。

こうしたメンタリティはけっこう根が深く、幼稚園に入って「はーい、みんな一列に並んで」「前へならえ」「右向け右」というところから始まっている。そもそも、こんなことを子供に教育するのは間違っている。「前の人にならっていいかどうか、よく見極めてから考えましょう。良いと思ったら前へならいましょう」と教えなければいけない。「右向け右、で右を向きなさい」ではなく、「右向け右、と言われたら、まず右と左の両方をよく見て、安全だと思ったら右を向きましょう」と教えるべきだ。

自分で判断して「正しい」と思ったことをするように教えるのが教育である。「右向け右」と言われたら反射的に右を向かせる訓練をするのは、軍国主義だ。日教組はあれだけ軍国主義に文句を言いながら、学校で「右向け右」をやらせていることには文句を言わない。共産主義も本質的に似たような世界なのかもしれないが、おかしな話だ。

「右向け右」と言われた瞬間に右を向く教育をしていたら、子供の中に「奴隷マインド」が育ってしまう。子供たちを「奴隷」にしてもらっては困る。学校で「右向け右」をやっていたら、強硬に抗議するのが筋だと思う。小さいころからの学校教育は、「奴隷マインド」を持った人間になるか、自分で考えて行動できる「民主主義」の人間になるか、ということにも影響してくる。

ルールを決める側になるか、ルールに従う側になるか

日本の小学校では「かけっこで順番をつけるのはよくないので、並んでゴールして、みんなで一番になりましょう」という教育も行なわれていたようだが、これも奴隷教育のようなものだ。現実社会は競争社会なのだから、「ルールの中で競争しましょう」と教えるほうがまだいい。

「小学校時代の順位づけなんか、意味がない」と教えるのも一つの方法だ。小学生の場合、四月生まれの子と、三月生まれの子では一年くらいの発達の違いがある。それを子供に説明して「差がつくのは当たり前だよ」と子供に教えてあげればいい。その

ことをわかってもらった上で、「ゲームだから、きちんと順番をつけようね」と言って、順位をつければいいのだ。たとえば、サッカーで点数をつけなければ、どれだけつまらないものになるか。どちらが点を入れても、最後は「はい、引き分け」と言われたら、バカバカしくてやっていられなくなる。

そもそも学校のかけっこで一位になろうが、四位になろうが、どうでもいいことである。順位づけ自体が、他人から与えられたルールにすぎない。自分でルールをつくることのほうがはるかに大切なのだ。

重要なことは、「勝った、負けた」を決める「基準」に目を向けることだ。ルールについて「本当に、このルールでいいの?」と子供たちに考えさせ、自分でルールをつくれるように教育しないといけない。

「右向け右、前にならえ」という教育は最悪の教育だ。アメリカでやったら社会問題になる。アメリカの公立の学校なら、住民投票で、学校のおかしな規則・慣習は変えさせられるだろう。

マサチューセッツ州の小さな町で、タバコの販売を規制したところ、町中で大問題になって住民投票にかけられたことがある。住民投票の結果、禁止した規則は廃止され、タバコの販売は再び認められた。

この町の人たちは、ほとんどの人がタバコを吸わないという。自分たちが吸わないのだから、タバコを販売禁止にしても何の問題もないはずだが、自治体が勝手に決めたことが住民の逆鱗《げきりん》に触れた。「お上にそんなことを言われる筋合いはない。オレたちに聞いてから決めろ」ということなのだ。

町の人はタバコをあまり吸わないが、観光客でタバコを買ってくれる人もいる。コンビニなどで観光客用に売られているものをやめるほうが間違っているという考え方だ。町にはタバコを売って稼いで生活している人もいる。

タバコを規制することですら、役所が勝手に決めると住民が怒って、住民投票にかけて変更する。「お上が決めたことだから従う」ではなく、「オレたちが決めることだ」と考えるのが民主主義の基本原則だ。

そのことを日本の小学校では教えていない。中学でも、高校でも、大学でも教えていない。社会人になっても教わることはない。会社の決めたことを受け入れることが良いことだと教えられる。そうやって四〇歳になってしまったのだとしたら、「奴隷化」の度合いはかなり進んでいると見ていい。

生き方を変えたいのなら、そこに気がつかないといけない。定年になるまでにはまだ二〇年以上もあるから、気がつきさえすれば、今からでも十分に間に合う。

「ゴール」はおぼろげにしか見えないものだ

あなたにとって最高の「ゴール」を見つける方法は、ものすごくシンプルだ。ゴールを見つけるには、まず「ゴールは『現状』の外側にある可能性が高い」と認識する。それがスタートだ。

もし、目指すべきゴールが「現状の外」にあるものであるならば、それはそもそも、おぼろげにしか見えないものであるはずである。

たとえば、三菱商事のサラリーマンが三菱商事の社長になることは、ある意味では、あまりにはっきりと像を結ぶ「ゴール」である。ということは、一度、これは自分自身の「本当のゴール」ではない、と疑ってかかる必要がある、ということだ。

「ゴールは『現状』の外側にある可能性が高い」と述べたが、「現状」というのは、このまま今の状態が続いたときに起こりうる可能性を言う。

三菱商事で働いている人は、社長になることを、とてもではないが「現状」とは思っていないかもしれない。同期が何十人もいるとすれば、社長になれる可能性はものすごく低い。しかし、あくまで「可能性」ベースで言えば、三菱商事の社員であるという今の状態が続けば、社長になるということも、たとえ確率が低かろうと「起こりうる」話である。

ここで気をつけなければならないのは、「現状」の範囲内にあるゴールが実現する確率が低ければ低いほど、自分の頭の中ではそれを「理想」と考えてしまいがちだということである。「こんな激戦を勝ち抜いて社長になるのはすごいことだ」と理想化する。そうすると、そのことは本当は自分自身の最高のゴールではないにもかかわらず、知らず知らずのうちに、あたかも自分のゴールであるかのように錯覚してしまう危険性があるのだ。

自分が勤めている会社の社長になることは、どんなに確率が低かろうと、あくまで、今の状態の延長線上にあるものである。あえて言うならば、「『現状』の理想型」にすぎない。社長になったとしても、それは「現状」の範囲内を出るものではない。

それならば、会社を辞めれば「現状」の外側に行けるのかというと、そうでもない。

会社を辞めて次の会社に行き、その会社が似たようなサラリーマン社会であれば、そこで社長になったとしても結局は「現状」の範囲内だ。思いっきり変わった会社の社長になるのであれば別だが、そうでなければどこに行っても同じだ。

「ノット・ノーマル」な生活で、ブリーフシステムを破る

言い換えれば、「現状」というのは、自分のブリーフシステムの範囲内で行動を続けることである。

ブリーフシステムとは、先ほど説明したようにコーチングの用語で、自分の頭の中にある「自分の行動を縛っている枠組み」「自分を縛っている信念のシステム」のことを言う。つまり、「『かくあるべし』という自分自身のブリーフシステムを維持したままで起きる可能性のあることは、すべて『現状』である」ということである。たと

え確率が低かろうと、社長になることは「現状」なのだ。

逆に言うと、会社に残っても「現状の外側」に行くことはできる。自分のブリーフシステムを変えて「枠」を飛び出し、今の会社を思いっきり変革するという方法もある。

「現状の外側」というのは、国家で言えば法律の外側ということである。法律を変えないと外側には枠を広げられない。

個人の場合は、ブリーフシステムを変えないと、現状の外側に枠を広げていくことができない。

ブリーフシステムの枠組みをつくっている情報の出所は、すべて他人である。親から聞いたこと、学校の先生から聞いたこと、上司から聞いたこと、あるいは本で読んだことが、情報として自分の中に入ってくる。

一〇〇%外部からの情報だが、それを自分が受け入れて、脳の前頭前野でパターン化してしまう。ブリーフシステムが自分の頭の中の法律になり、「こう生きるべきだ」「こう行動すべきだ」という「信念の体系」がつくりあげられていくのだ。

この「信念の体系」ができあがってしまうと、自分自身が求める本当のゴールが隠されてしまい、見えなくなってしまうことが多い。これがスコトーマ（心理的盲点）だ。スコトーマとは、「いつも、何回も見ているのに、見えていないもの」「自分は見ている気になっているのに、見えていないもの」のことである。自分の頭の中で「かくあるべし」と強烈に思ってしまっているために、「見ているのに、見えていない」状態になってしまうのである。

先ほど挙げた私の会社員生活の例で言えば、もし、「タイムカードは、何が何でも押すべきものだ。そんなこともできないなんて、会社人として恥ずかしい」と信じ込んでいるとすれば、タイムカードを押さなくていい理由など見えなくなるはずである。

「ノット・ノーマル」な生活をしてみると、ブリーフシステムという自分の枠が、自ずと少しずつ破れてくる。そうすると、その外側にあるものがチラチラと見えてくる。外側に見える楽しそうなものを、とりあえずのゴールにして、自分の頭の中でシミュレーションしてみる。もし、そのゴールを達成したときに自分が心の底から、本当に嬉しくなれそうなら、それを暫定的な「ゴール」として設定すればいいのである。

「自分を奴隷にするコーチング」は、百害あって一利なし

「ゴールを達成したときに自分が見ている世界」のことを、コーチング用語では「ビジョン」と呼ぶ。

ゴールそのものは、抽象度が高いので自分でもよくわからなかったりする。ゴールを明確に表現することは難しいが、それでいいのだ。その漠然としたゴールを達成できたときに「きっと、こういう世界が見えるだろう」というビジョンを、頭の中で思い浮かべてみる。ビジョンを思い浮かべて、「これは楽しい」「本当に嬉しい」と思えるなら、あいまいなゴールであっても、暫定的なゴールとする。

この段階では、暫定的なゴールがチラチラと見えたとしても、そこに至るゴール達成の仕方は見えてこないと思うが、見えないほうが正しい。

世の中に出回っている、誤解されたコーチングの本には、「ゴールをしっかりとイメージして、そこに達するまでのステップ・バイ・ステップをすべてイメージしまし

ょう」と書かれているが、それは最悪のコーチングだ。

なぜかというと、ゴールやステップ・バイ・ステップの手法が見えているのは、ゴールが現状の枠の中に入っていることを意味するからだ。現状の中にあるから見えるのであって、現状の外にあるものが明確に見えるはずがない。

もし、ゴールを明確に描けて、ステップ・バイ・ステップの手法が明確化できるなら、それは「自分を奴隷にするコーチング」にすぎない。企業に派遣されたコーチは、社員を会社の奴隷にするためのコーチングをするかもしれないが、それは本物のコーチングとは呼べない。そんなものは、百害あって一利なしである。正しいコーチングは、自分の望む生き方を目指すもので、「自分を奴隷から解放するもの」である。

自分のブリーフシステムの外側にあるゴールは、チラッと見える程度だ。ゴールが達成されたときのことをイメージしようとすると、何となくバリアも見えてくるかもしれないが、何をすべきかはまだ見えない。それでいい。

ルー・タイスは、「インベント・オン・ザ・ウェイ（Invent on the Way）」と呼んでいる。暫定的なゴールを設定し、あとはそこに向かって進んで行く過程の中で、自ずと、その場その場で達成の仕方が発明されていく。だから、ゴールがチラッと見えた時点では、達成の方法はわからないほうが正しいのだ。

ゴールを達成するために、いったい何がバリアになるのか。

もうおわかりだと思うが、チラッと見えてくるバリアは自分のブリーフシステムそのものである。ブリーフシステムを変えればゴールに近づける。

もちろん、いきなりブリーフシステムを変えられるわけではない。ブリーフシステムの外側にあるゴールに近づこうと進んでいくと、自分が気持ちよくなり、生きやすくなり、それに向けて自分自身のブリーフシステムが少しずつ変わっていく。続けていくと、ゴールに近づいていく。ブリーフシステムをうまく変えられないと、現状に戻ってしまう。

自分を変えるのは、それほど難しいことではない。「他人から言われて受け入れていただけの信念」対「こうなったら嬉しい」の戦いだと明確にわかれば、嬉しいほうを選ぶに決まっている。不快な思いをしてまで他人から言われたことを受け入れる必要はない。嬉しいほうを選ぶという単純なことでいいのだ。

「安泰」「安心」という言葉は怪しい

サラリーマンの中には、「定年まで安全に過ごしたい」とか、「定年後も安心して過ごしたい」と考える人がいるが、安全、安心などというのは、他人がそう言っているだけで、本当に安全、安心かどうかまったくわからない。

親から「大企業に入ったからもう安心だ」と言われたり、会社の先輩から「うちの会社は企業年金がいいから、一生安心だ」と言われたりするかもしれないが、それは保証されたものではない。

明日のことなど誰にもわからない。大企業だってつぶれるし、企業年金だってどうなるかわからない。「安心だ」と思い込まされているだけだ。安心や安全を保証できる人などどこにもいない。明日、急に病気になって倒れるかもしれないわけだから、安心、安全は確かなものではない。

「これで安泰だ」とか「老後も安心だ」という根拠のない情報を信じて今を我慢する

のではなく、「生きている今、この瞬間が嬉しい」という状態にならないといけない。ブリーフシステムを変えて、ゴールを目指した生き方をしている人は、今、この瞬間が嬉しくなる。嬉しさを先延ばしする必要などないのだ。

「四〇代になったら給料が上がるよ」とか「将来社長になったらいいことがあるよ」と言われて、本当に幸せな人生を送れるだろうか。「四〇歳まで我慢したらいいことがある」と言われて、二〇年間会社に従ってきた人が、四〇歳になったら「社長になったらいいことがあるよ」と言われて、さらに一五年間くらい我慢し続ける。二〇年も騙されてきて、まだこの先一五年も騙され続けるつもりか、自分に問いかけてみてほしい。

四〇年間我慢をし続けても、最終的に社長どころか役員にもなれない人がほとんどだ。定年後に年金は十分にもらえるかもしれないが、楽しい人生を送れるとは限らない。

将来のことなど誰にもわからないのだから、今、この瞬間に嬉しい、楽しい、気持ちいい、すがすがしい、幸せ、という気分を感じられたほうがいい。そう感じることができるのは、ゴールに向かって生きている人だけだ。

ゴールに向かって生きている人は、何をしていても今を楽しく感じられる。「定年退職後に幸せになる」という将来の約束を追いかける必要などないのだ。

将来の年金のために働くより、今の充実が大事

大企業の人たちに「なんで、この会社に入ったの？」と聞くと、「年金がいいから」と真顔で答える。

私が三菱地所に入ったとき、同期に会社を選んだ理由を聞いたら、「年金制度が終身年金だから」と言われて驚いたことがある。たしか、本人が亡くなって、奥さんが亡くなるまで年金が出続けるとのことだった。

年金が死ぬまで出るのは、公務に就いていた人の恩給と同じだ。私の祖父は国会議員だったから、祖母は自分が死ぬまでずっと恩給をもらっていた。それを真似して、大企業やメガバンクは社員の福利厚生策として終身年金を目指したのだろう。民間企業なのに、本人どころか奥さんが亡くなるまで一生年金が出る。民間の大企業のほう

が公務員より給料が良く、しかも年金を終身でもらえるのだとすれば、魅力は感じるだろう。

だが、「将来の年金のために働く」というのは、長い職業人生を犠牲にしているようなものだ。そんな生き方を、今の大学生や子供たちが目指しているとすれば、実にもったいない。今の大学生が老後になったときに、終身年金をもらえる保証などどこにもない。しょせんは「口約束」あるいは「空約束」に近いものである。そんなもののために、何十年もの人生を他人の言いなりに生きていっていいのか。

先述したように、今は医療が進んでいるから、普通の人が八〇歳、九〇歳まで働きながら健康に生きていける。世の中には、七〇歳、八〇歳でバリバリ働いている人はいくらでもいる。自分で「引退する」と決めるまでは、七〇歳だろうと、八〇歳だろうと、九〇歳だろうと働くことは可能だ。普通に働いて、生活費程度を稼いでいれば、年金なんていらないかもしれない。

私が入社したときの三菱地所の定年は五五歳だった。今、私は五五歳だ。「これから、あなたは、死ぬまで年金がもらえますよ」と言われても、全然嬉しくない。それよりも、普通に働いていたいと思う。「妻が死ぬまで年金をもらえる」と言われても、それでもまったく嬉しくない。

大企業は企業年金があるから年金額は多い。しかし、どれだけの年金をもらっても、何もしない退屈な人生など、つまらない。

五〇代の人間が「これだけの年金を死ぬまであげますから、あなたは、もう永遠に会社に来ないで下さい」と言われたら、嬉しくないはずだ。六〇代の人でも同じだろう。働けるうちは働きたいと思う人が多い。多額の年金をもらうことよりも、六〇代でも、七〇代でも、八〇代でも、働けるうちは働くことを目指したほうが充実した人生を送れるのではないかと思う。

「職業」は「お金を稼ぐ」ためにやるものではない

多くの人は「職業」について誤解している。「職業はお金を稼ぐためのもの」と考えている人が多いが、それは間違いだ。職業というのは、社会に提供する機能のことだ。その提供した機能がお金になる場合もあるし、ならない場合もある。

資本主義の世界では、社会に何らかの有意義な機能を提供すると、付加価値が生まれてお金が入ってくることが多い。しかし、社会に機能を提供しても、お金が入ってこない場合もある。それも「職業」である。

職業の定義は「社会に提供する機能」。これ以外の定義はない。お金を稼げるかどうかはまったく関係がない。

お金を稼ぐのは、「ファイナンス活動」と呼ばれるものであり、職業とイコールではない。

職業から入ってくるお金は、ファイナンス活動の一部にはなるが、全部ではない。

ここで考えてほしいのは、「人間のゴールは一つではない」ということである。たとえば少し考えてみただけでも、たくさんのゴールがあるはずだ。

- 職業のゴール
- 健康のゴール
- 家族のゴール
- パートナーのゴール

・生涯教育のゴール
・趣味のゴール
・地域への貢献のゴール
・国家くらいの大きさの地域への貢献のゴール

これだけで八つある。

ここに加えて、もう一つ必要なゴールが、

・ファイナンスのゴール

なのである。

ファイナンスは職業に近いと思われているが、実は、ファイナンスと一番近い性格を持っているのは「健康」である。

健康というのは、その気になれば数値化できる。人間ドックに行くと、数値を示して、「この範囲内にあるから正常値です」とか、「基準の範囲を超えているから要注意」などと言われる。

健康を数値化することはできるが、すべて正常値にあるから健康というわけではない。健康は数値だけで示せるものではなく、「こうだから健康だ」という具体的なゴールはあまりない。「長生き」というゴールはあるかもしれないが、「何歳まで」というゴールを具体的に決めるのは難しい。漠然とした状態を「健康」と考えて、それをとりあえずのゴールにするしかない。

ファイナンスも健康に似ていて、具体的には決めにくい。だが、自分が経済的に健全な状態にあるかどうかは、だいたいわかるはずだ。健康状態と同じように、その気になれば数値化できる。

自分のファイナンスの実態をつかめ

ファイナンスの状態をつかむために、まずは、企業の財務諸表と同じように、家計もＰＬ（損益計算書）、ＢＳ（貸借対照表）、キャッシュフローを把握する必要がある。

国なら年に一回決算があるし、企業なら三カ月ごとに決算がある。

回数は自分で決めればよいが、年に一回くらいは自分のファイナンスの決算をしてみたほうがいい。一定期間の収入と支出を見れば、ＰＬがわかる。不動産などを購入すれば資産が増えて、ＢＳの状態が変化する。日々のお金が回らないと生活できなくなるから、キャッシュフローも大事だ。

サラリーマンは気がついていないかもしれないが、年末調整で年に一回は個人の決算が行なわれている。書類を受け取っているはずだ。源泉徴収票を見れば、自分の年収や、税金や社会保険料控除後の手取り額がわかる。年間でどのくらい支出をしたかを計算してみれば、ＰＬはだいたいわかる。サラリーマンの人でも年収の高い人は、確定申告をしているはずだから、より明確にわかっているだろう。

ただ、いずれの場合も、申告するのはＰＬのみで、ＢＳは申告する必要がない。だから、資産の出入りの感覚を持ちにくいが、自分の収入額から支出額を引けば、残った額がその年に増加した資産になる。

サラリーマンは、収入額は自分でコントロールできる範囲の外側にあるから、ファイナンスのゴールを設定しようという意識がほとんどない。ファイナンスのことをまったく考えず、お金は「与えられるもの」と考えてしまう。

自分の人生を生きたいのなら、ファイナンスのゴールを持ったほうがいい。ファイナンスは、職業とは別の考え方が必要である。職業によって入ってくる収入もファイナンスの計算の中に入れるが、収入をそれだけに限っていてはダメだ。

奴隷にならぬためには、二つ三つの収入源が必要だ

たくさんゴールを持っている人は、やりたいことが多いから、支出額も増えていく。だとしたら、職業ではない別の収入源が必要となる。「職業で収入を増やすこと」を考えるから、「リストラされたら大変だ」と思って会社の奴隷にされてしまう。職業以外の収入があれば、会社の奴隷になる必要などなくなる。

収入源を増やす方法はいくらでもある。株式投資や、ＦＸでもいいし、不動産賃貸でもいい。コーチングなどの専門技能を磨いて、土日にその技能で稼ぐことを考えてもいい。そうすれば会社に迷惑をかけずに、収入を増やすことができる。接待ゴルフ

には行けなくなるが、そもそも給料も支払わずに接待ゴルフに行けと命令する会社のほうが間違っている。

会社の就業規則で、当社以外のところで働いてはいけないと書かれているとしたら、それは憲法違反だ。「競合会社で働いてはいけない」というルールならあってもおかしくないが、競合していない仕事をするのなら、何の問題もないはずだ。十分な給料も渡さない会社が、社員が地元のコンビニで働くことから専門技能で稼ぐことまで、なべて禁止するなんて、およそバカげている。

これからの時代、一つの会社にしか属していないほうがおかしい。先進国の人間は、一人がたくさんの職業的機能を持つことは当たり前になっている。ネット上で外国の人と仕事をすることもできる。

前述したように、職業とは社会に提供する機能だから、自分の力が求められているところには、どこにでも機能を提供すればいい。結果として、複数のところから収入が入ってくる可能性が高いというだけだ。

会社は「複数の会社と契約してはいけない」と言っているくせに、その会社の社長は他の会社の社外取締役だったりする。自分は複数の会社の仕事をしているのに、社員には複数の会社の仕事をしてはいけないというのは、おかしな話だ。

会社を起業して週末に働いてもいいし、ブログをつくってアフィリエイトで収入を得てもいい。マンションを持っている人は、賃貸で貸して、自分たちは別の小さなマンションに移って家賃収入を得る方法もある。

収入源を複数持っていれば、クビを怖がる必要はない。「クビにするなら、してくれていいですよ」という気持ちで、心の中に余裕ができる。そうすれば、自分が正しいと思うことは上司と堂々と議論することができるはずだ。会社に縛られて会社の「奴隷」として生きる必要などないのだ。上司に不条理なことを言われたら、「私、今辞めても平気ですけど」という気持ちで突っぱねることもできる。

そもそも、先ほど挙げたように、複数のゴールを持って生きている人にとっては、職業というのは、自分の人生のたくさんのゴールの一つにすぎない。

上司が何を言っても「ああ、そうですか。お宅の会社は、私の数あるゴールのうちの一部にすぎないから、いいですよ。いつでも辞めますよ。他にも収入源がありますし、ファイナンスはきちんとできてますから」という気持ちで、自分の人生を歩んでいける。「私は、奴隷として生きるつもりはありませんから」と思っていればいい。

資産を頭に入れると、収入にとらわれなくなる

ファイナンスにとって重要なのはＢＳだ。ＢＳには、資産の額が計上されているが、実際の価値とは違う。企業で言えば、含み資産（ラテントアセット）というものがある。含み資産があれば、いざというときには、資産を売却して、収入を得ることができる。

私は三菱地所にいて帳簿をつけていたから、丸の内の土地やビルの簿価はだいたい知っている。明治時代に陸軍の練兵場を払い下げてもらったときの土地の簿価がベースとなっているから、非常に低い額だ。もちろん、原価法ではなく、当局との関係上、帳簿の簿価は明治時代のままというわけではないが、それでも、市場価格と比べると著しく低い。それはすべて含み資産となっている。三菱地所グループ全体では、含み資産は何兆円から何十兆円単位に上るだろう。ＰＬが赤字になろうが、まったく大丈夫なのである。

個人の場合も同じだ。収入がゼロになってPLが赤字になっても、含み資産があれば、生活には困らない。いかに含み資産をつくっていくかということがとても大事だ。ところが、サラリーマンは、「入り」と「出」についてはわかっていても、BSの概念がまったくといっていいほどない。BSを考えていないから、リストラで収入がなくなることにビクビクして生きなければならない。

四〇歳くらいになったら、複式簿記の本でも買ってきて、自分の家計の帳簿をつけるといい。奥さんが家計簿をつけているかもしれないが、こちらの帳簿はBSもきちんとつける。土地やマンションの簿価、銀行預金、株式など金融資産の額をBSに記入する。そうすると、不動産や株式の簿価と市場価格との差額で、だいたいの含み資産の額がわかる。それらを頭に入れておけば、どのくらいの収入が必要か、収入ゼロになったときに何年くらい食べていけるか見えてくる。

「会社を辞めると、将来の年金をもらえなくなる」と思うかもしれないが、含み資産があれば、年金をもらえなくても困らないことがわかるかもしれない。

自分が好きな骨董品でも、資産形成できる

資産というと、不動産や株式などばかりを思い浮かべるかもしれないが、それはあまりに視野が狭い。また、それだけでは自分自身が感じる「嬉しい」にも連動していない。

私の場合、ギターを三〇〇本くらい持っている。好きで集めたものだから愛着がある。しかも、好きなものだから、どれほどの価値があるものかも、よくわかっている。私のギターは、骨董価値があるので一本一〇〇万円くらいで売れる。これらは、すべてまじめに税務申告をして償却している。中古楽器は三年償却だから、だいたいのギターは償却が終わっている。

この償却後のギターを売れば、一本で五カ月くらいは食べていける。全部売れば、妻、子、孫くらいまでは生きていける。細かい金額はわからないが、だいたいの含み資産額は認識している。

含み資産の額をわかっているので、自分のファイナンス状態はまあ健全だろうという感じを持てる。生命保険に入らなくても、毎月ギターを売るだけで、何とかなる。健康状態と同じで、細かい数値はわからなくても、漠然と、ファイナンスが健全であると感じることができる。

私の場合は、職業上、楽器を償却資産として買えるので、特殊な状況にあるかもしれないが、骨董価値のあるコレクションは他にもいくらでもあると思う。私は、パイプも集めているが、これも骨董価値がある。

サラリーマンの人なら、万年筆などもいいかもしれない。骨董価値が出れば含み資産が増えていくだろう。

不動産購入もいいし、技能を磨くのもいい

不動産購入も、ただ住むためだけではなく、資産形成の一つとして考えたほうがいい。土地は償却できないが、不動産の価値が維持されれば重要な資産となる。税金は

買ったときに払うだけで、あとは固定資産税を払い続ける程度だ。それをふまえて、どういう不動産を買うかを考えないといけない。

生活に便利かどうかという基準だけでなく、資産価値が今後どうなるかをよく考えて買ったほうがいい。ＢＳを増やしていくことも考えるべきだ。

ＢＳが健全なら、少なくとも自分の老後の資金は何とかなる。厚生年金などを当てにしなくても、自分で設定したゴールを目指して人生を生きていける。

帳簿をつければ、ファイナンスの意識が高まる。帳簿をつけると、収入源をいくつかつくっておく必要があることもわかると思う。会社の給料が低いなら、「給料を上げろ」と主張するか、「おたくの給料は安いから、コンビニで働きます。文句があったら訴えて下さい」と言って働くか、面倒くさいから黙ってこっそり働くか、いろいろな方法がある。

保険や個人年金に入ったとしても、必ずしも安心とは言えないのだから、無理に保険に入る必要はない。自分が死んだときに、家族のために生命保険金を残すというのはいいが、自分に戻ってくる保険に入る必要はないと思う。掛け捨てのほうがはるかに安いから、掛け捨てで十分だ。

保険に入るより、健康を保って長く働けるようにしたほうがいい。近くのコンビニやスーパーでバイトをしたって、年金くらいのお金は稼げる。まして専門技能を磨けば、もっとコストパフォーマンスのいい稼ぎになる。保険に費やす金を使って、自分の技能を高める選択肢もあるのだ。

第4章

四〇歳までは徹底的に知識を身につけよ

世界中の新聞を読め、好きな出版社の本を読みあされ

さて、第一章で「四〇歳までに大量の知識を身につけておかなければ、リーダーにはなれないし、なっても大した仕事はできない」という分析を行なった。

では、どれほどの知識を身につける必要があるのか？

新聞は毎日ありったけ読まなければいけない。日本の新聞だけでなく、世界中の新聞を読むべきだ。

私の場合は、新聞はｉＰａｄで読んでいる。日本の新聞は、朝日、日経、産経が中心だ。読売はたまにウェブ版で見るが、ｉＰａｄ版が充実していないので今は読んでいない。その他、北海道新聞も読んでいる（どこの地域でもいいが、地方紙は情報ソースが全国紙と違うので、読む価値はある）。

海外の新聞は、ニューヨーク・タイムズ、ウォール・ストリート・ジャーナルを一字一句残らず読んでいる。

これだけだと偏っているので、イスラエルのエルサレム・ポスト、イスラム系のアルジャジーラも読んでいる。フランスのル・モンドは英語版で読んでいるし、韓国のコリア・ヘラルドも読んでいる。これらを毎日読めば、ある程度は偏りなく情報を得られる。若いころからずっと読み続けている。

ニューヨーク・タイムズとウォール・ストリート・ジャーナルは、日本語版も出ているから、英語で読めない人は、せめて日本語版で読むくらいのことは必要だ。

雑誌は、タイムやニューズウィークは週刊誌だから週一回読むだけでいい。アメリカ以外の雑誌もできるだけ読んだほうがいい。

二〇代のころから四〇代まで二〇年間くらい毎日読み続けて、ようやく一定の知識が身につく。そういうことをしてこなかった人は、これから二～三年の間に徹底的に世界中の新聞・雑誌を読みまくったほうがいい。本だったら、好きな出版社の本はすべて読むくらいのつもりで読みあさるべきだ。

酒を飲んで、ＩＱが下がるのはもったいない

多くの四〇代の人は、圧倒的に知識量が少ないだろうから、今日からは酒は禁止。酒好きの人には申し訳ないが、酒なんか飲んでいる暇はない。土日に映画を見たりする代わりに多少アルコールをたしなむくらいならいいが、平日は禁止だ。そんな時間があったら、少しでも新聞や本を読んで知識を身につけたほうがいい。

私も酒は好きなほうである。ホテルに酒をキープしてもいるが、たまに息子と行ったときに飲むくらいだから、ほとんど減っていない。一度、その酒のことを話した人に、すっかり空瓶にされていたことがあった。だから、どこのホテルに置いてあるかは書かないが、酒の味はとても好きだ。

酒は好きだが、普段はまったく飲まない。酒を飲むとＩＱが下がるのはわかりきっている。私は、一秒でもＩＱが下がった状態にあることが嫌なので、特別なとき以外は酒を一切飲まない。酒を飲むことで頭の働きが低下するのは時間を無駄にすること

になる。とてもではないが、もったいなくて仕方がない。やりたいことがいくらでもあるから、無駄な時間を使いたくない。

サラリーマンの人も、酒を飲んでいる時間は本当にもったいないと思う。そんな時間があれば、普段は読まない新聞、たとえば、ル・モンド、アルジャジーラ、エルサレム・ポストなどを読んだほうがいい。

世界の新聞を長年読み続けてきた人は知識が蓄えられているから、少しくらい酒を飲んでもいいが、その他の人は酒を飲んでいる時間はないはずだ。吸収しなければいけない知識が山のようにあることを忘れてはいけない。

生き方を考える前に大量の知識を身につけておく

膨大な知識量を必要とする現代社会では、知識のない人は自分の望む生き方はできない。自分の望む生き方をしたければ、まず知識を増やしておく必要がある。

論理的なことを司る左脳と、直感的、感覚的なことを司る右脳とで言えば、左脳が育っていない人間は使い物にならない。社会というのは、「左脳」の世界である。

我々が赤信号で止まるのは、赤が嫌いだからではない。道路交通法で決まっているから赤信号で止まるのだ。道路交通法を知らない人間が道路を歩いていたら、危なくて仕方がない。少なくとも車を運転するときには、道路交通法を知っていることが大前提となっている。筆記試験をパスした、道路交通法を知っている人に対して運転免許が交付されることになっている。

私たちの生きている社会には、憲法があり、それぞれの分野に法律があって、ルールが定められている。ルールを知っておかないと仕事はできない。

たとえば、会社で上司から「明日の朝までに、この仕事をやっておけ」と言われたら、命令を無視して同期と飲みに行くわけにはいかない。もし飲みに行ってしまったら、民法上の契約違反になる。場合によっては、会社に損害を与えたと判断されて刑法に抵触する可能性も出てくる。

商法にも違反している可能性がある。商法上は株主総会が会社の意思決定機関で、株主によって取締役に権限が委譲されている。その取締役が部長や課長に権限を委譲している。上司の命令を無視して飲みに行ったのであれば、株主を裏切ったことになり、商法違反に該当する可能性もあるのだ。商法上の損害賠償の対象となるかもしれない。また、飲みに行った領収書を会社の経費にしていたら、税法違反になるかもしれない。

社会では法律を知っていることが前提となっているから、法律違反があれば処罰されても文句は言えない。世の中のことはすべてルールに書かれているわけだから、ルールを知識として左脳に入れておかなければいけない。

法律以外にも、ビジネス分野には様々なルールがあるから、それらも知っておく必要がある。身につけるべき知識は膨大だ。

知識を生かすためのロジックも学べ

世の中には明文化されていない知識もある。ロジックというものも、明文化されているものではない。

アリストテレスの時代までは、ロジックとして三段論法が使われていた。三段論法は、「アリストテレスは人間である」「人間は死ぬ」「だから、アリストテレスは死ぬ」というロジックだ。

この三段論法は、真実であることが前提でなければならないが、不完全性定理が証明されてからは、公理系の数学証明そのものが怪しいと言われている。アリストテレスは宇宙人かもしれないし、人間に不老不死の時代が来るかもしれない。その場合には、三段論法のロジックは崩れる。

現在は、三段論法はあまり使われない。スティーヴン・トゥールミンという人が発明したトゥールミン・ロジックが大人のロジックになって久しい。トゥールミン・ロジックは、ディベートなどでもよく使われ、データ、ワラント、クレームの三つで成り立っている。

昔ながらの三段論法にしても、トゥールミン・ロジックにしても、公理系の証明にしても、すべて左脳の世界だ。

「数学は右脳だ」と言う人がいるが、それは数学を知らない人だ。フェルマーの定理を解いた人は右脳で解いたかもしれないが、数学の公理系の作業はすべて左脳の世界だ。言語野は左脳にあるわけだから、言語も左脳の世界だ。ロジック（論理）は広い意味では言語の範疇《はんちゅう》に含まれるものだ。

法律を理解する場合に、一字一句、言語的に理解するだけでは十分でない。論理として理解しなければ使うことはできない。これらの働きはすべて左脳の活動である。

私たち大人が存在している空間は「左脳空間」だ。会社に行くのは会社との労働契約があるからであって、気分で会社に行くわけではない。

仕事はみな、知識と論理で成り立っている。知識そのものは脳の側頭葉や前頭前野にパターンとして入っているが、それをどうやって組み合わせて使うかを考えるのは、すべて左脳の作業だ。

だから、四〇歳までは、まず左脳を鍛えておく。大量の知識を頭に入れて、知識をもとに論理を自在に使えるようにしておかないといけない。

右脳の活動も大切だが、右脳の大切さは子供のころから死ぬまでずっと変わらない。いくら仕事ができても幸せでなければ意味がない。右脳は前頭前野などと連携して自分を評価する働きをする。「幸せだ」とか「幸せでない」と評価するのは右脳である。幸せを感じる機能は、子供にも大人にも高齢者にも必要なものだ。

右脳の働きは感情的な反応とは違う。フェルマーの定理を証明するときの「ひらめき」を生んだのは右脳だが、「ひらめき」は情動ではないし、論理でもない。

右脳的な能力のない人がリーダーになると、部下を奴隷のように上手に使うけれども、部下からは「あの人にはついていけない。あの人は尊敬できない」と言われる存在となる。尊敬されないどころか、むしろ軽蔑される。

右脳の働きがないと、人間関係はうまくいかないし、幸せを感じることもできない。リーダー的な仕事が始まる四〇代になると、それまでとは質の違う右脳の働きも要求されるから、右脳の鍛え方も考えておかないといけない。

リーダーにとって右脳の働きは大事だが、社会生活やビジネス生活の大前提としての左脳の知識量が不足している人が多いから、四〇代までは左脳を中心に鍛えておいたほうがいい。

政治家は役者のように原稿を暗記する

日本では、政治家ですら、左脳の働きが弱い人があまりにも多い。五五年体制の年功序列の世界で上がってきた人は、左脳を使う必要などほとんどなかったのだろう。まわりに振りつけをしてくれるスタッフがいて、その人たちがシナリオを書く。政治家は、シナリオを暗記して話すだけだ。

私は、あるトップクラスの政治家がクローズドな会合で演説したのを聞いたときに驚いたことがある。実は、その政治家は時間に間に合わず、会場に着くのが少し遅れた。間が持たないので時間つぶしのために、その政治家のスタッフの一人が政策について話をすることになった。「なるほど、すごいな」と思って聞いていた。

その後に、遅れてきた政治家が何も知らずに講演を始めた。驚いたことに、その前にスタッフが話したことと同じことを、まるで自分で考えたかのように滔々《とうとう》と話し始めた。一字一句を正確に暗記しているのではないかと思えるほどに、まったく同じ内容だった。それを自分の言葉として堂々と話していたのである。

見事な役者ぶりに「これは、すごい」と思った。要するに人前では完全に役者になれるのが政治家なのだ。自分の知識であるかのようにペラペラとしゃべれる。だが中身は、ほとんどまわりのスタッフの考え方そのものなのである。

単なる暗記だから、右脳でも左脳でもない。おそらく、知識量は非常に少ないのだろう。質問されたらほとんど答えられず、しどろもどろになってしまうか、質問内容と無関係に自分の知っている暗記した内容を繰り返し話すだけに違いない。

左脳的論理思考能力が強ければ、一つひとつの質問に対してすべてロジックで跳ね返せる。政治家本人はできると思っているかもしれないが、まわりのスタッフは間違いなく止めるだろう。記者たちに吊し上げられたら、政治力を失ってしまう。

そういう政治家が、間違って、国の重要ポストに就いたら大変なことになるのだが、現実には、左脳的論理が鍛えられていない人が要職に就いているケースが多い。

左脳パワーがなさすぎる人が政治を動かしたら、国民が迷惑する。

人が良いだけでは経営できない時代になった

左脳の大切さは、経営者も同じである。

昔の大企業の経営者は、「よっしゃ」「よっしゃ」と言っているだけの、いい人が多かった。私が入社したときの三菱地所の社長は、本当にいいおじいちゃんだった。三菱地所を辞めてからも何度も会っていた。

三菱グループには金曜会というトップの集まりがあり、金曜会は丸ビルの中にあった。三菱地所の若手社員は、金曜会のおじいちゃんたちの囲碁の相手をたまにやっていた。私は囲碁の相手をしたことはないものの、いくつかの会合でお会いしたことがあるのでわかるが、みんな人のいいおじいちゃんばかりだった。

三菱の金曜会をさらに大きくしたような存在が経団連だ。経団連の人たちも、人のいいおじいちゃんの集まりだったのだろう。

高度成長時代までの日本は、アメリカに引っ張ってもらい、アメリカの言いなりにやっていればよかった。アメリカの核の傘に入っているから、軍事予算をほとんど使わずに経済に投資ができた。朝鮮特需などが起こったため、日本経済は黙っていても潤った。企業はアメリカが戦争をしてくれる需要で食っているような時代だった。要するに、誰でも経営者が務まったのだ。

しばらくして日本が力をつけたら、アメリカから突き放されるようになり、独立国としての道を歩んでいかなければならなくなった。そこからは、アメリカに様々な要求を突きつけられるようになった。

今は一応アメリカから一人前に扱われている。世界の中で競争をしていかなければいけない。日本は世界との競争の中に完全に組み込まれている。昔と違って、誰でも企業を引っ張っていける時代ではなくなっている。いいおじいちゃんならリーダーが務まるという時代はもうとっくに終わっているのだ。年功序列で人柄の良い人をトップにするような大企業は生き残れない。

今の世界経済は、大企業に代わって、勢いのある新興企業が担い始めている。そういう新興企業は、昨日まで自分ではんだごてを握っていたような人が社長として会社を動かしている。アップルのスティーブ・ジョブズがいい例だが、現場のことを熟知している人が社長をする時代であり、知識量が豊富な人がリーダーでないと競争には勝ち抜けない。

今や、マニアックなテクノクラートでないと経営できない

二〇代の頭の中は大学生とほとんど変わらず、知識量は圧倒的に足りない。二〇代

でリーダーが務まる人間はいない。二〇代はひたすらお勉強期間だ。

三〇代も基本的にはお勉強期間。まだリーダーは務まらない。ものすごく熱心にお勉強した人は、たまに三〇代でリーダーになる人もいる。

二〇代、三〇代の約二〇年間、ずっとまじめにお勉強をし続けると、一定の知識が身について、四〇代でようやくリーダーになることができる。

ところが、四〇代サラリーマンの人と話をすると、基本的な知識すら身につけていない人が多い。そういう人は、まだまだお勉強が必要だ。四〇代はずっとお勉強期間で、五〇代にならないとリーダーにはなれないだろう。

知識のない人はリーダーにならないほうがいいと思う。知識がなければ正しい判断を下せるはずがない。間違ってリーダーになってしまうと、大きな失敗をして、会社も自分も傷つく。

常識で考えればわかると思うが、たとえば銀行員なら銀行業についての知識がなければ話にならないし、製造業なら製造しているものについての詳細な知識がなければ仕事はできない。それらはみなテクノクラートの世界だ。

テクノクラートでない人が銀行の頭取やメーカーの社長になっても、的確な経営判断は下せない。それなのに「できる」と思い込んでいる人がいる。第一章で書いたが、経営学だけを学んできたハーバードＭＢＡの人に社長職が務まるはずがないのだ。

前述したように、多くのアメリカの企業はそのことに気づいており、ＭＢＡを持っているだけの人に経営させることはもうやめている。ただ、いまだに一部の企業はＭＢＡを持った人を社長にしている。

ハーバードＭＢＡを持った人はたくさんいる。他のトップスクールのＭＢＡも含めれば、毎年ものすごい数の人がＭＢＡを取っている。その人たちがみな経営者として成功するはずがない。

昔の大企業の経営者はビジネススクール出身者が多かったが、今は、大企業の経営者として成功している人は、ほとんどが現場業務に精通したテクノクラートだ。彼らの知識量は並大抵ではない。隅から隅までの知識を持っている。言い方を変えれば、現代の企業経営というのは、ものすごくオタクな世界である。それをわかっていない人は出世していない。

しかも、繰り返すが、昔と違って仕事に必要な知識量が圧倒的に増えている。世界の人たちと生きるか死ぬかの熾烈な競争をしてもいる。アメリカ人にしても中国人にしても、リーダークラスの人はものすごく勉強をしている。その人たちに勝たなければならないのだ。

日本はエリートを育てていない国だが、よその国は子供のころからエリート教育をしている。たまたま、ある人からキッシンジャー元国務長官と会ったときの話を聞いたことがあるが、キッシンジャーが言うには、中国はアメリカよりもエリート教育がすごいのだそうだ。

中国では、国内全土から天才児を集めて、党に入れて徹底的に教育していく。地方に配属し、地方で成功したら、どんどん上に上げていく。彼らは一度党の役職に就くと、任期が一〇年くらいある。その間にエリートとして未来に向けて仕事に取り組ませる。

キッシンジャーはその話を紹介しながら、アメリカはそこまではやっていないので「中国はすごい」と言っていたそうである。

日本はアメリカにも追いついていない状態で、リーダーをまったく育てていない。アメリカや中国の企業を競争相手にビジネスをする大企業の社長は、彼らを上回る膨大な知識が必要になる。それには、必死になって勉強を重ねなければいけない。二〇代、三〇代の二〇年間は、勉強漬けの生活を送るのが当たり前だ。

真剣なお勉強が終わったら、その時点でようやく人生の設計、ゴールの設定をする資格が出てくる。

テレビなんかは早く捨てたほうがいい。「三〇代のサラリーマンが、よくテレビを見ている暇なんてあるな」と思う。まったく時間の無駄だ。テレビは捨てるくらいの覚悟で二〇年間真剣に勉強し続けて、ようやく知識量を最低レベルに持っていくことができる。インターネットも、一次情報に当たらずに下手な使い方をしているだけだと、とにかく膨大な情報があふれているだけに、ただただ時間を浪費するだけになってしまうから注意が必要である。

今まであまり勉強をしてこなかった人は、今すぐ、テレビを捨てよ。酒を捨てよ。そして今すぐ、勉強を始めるべきだ。

第5章

エフィカシーを高めて、自信に満ちた人生を歩め！

「ノット・ノーマル」とは、エフィカシーの高い人

コーチング用語で言うと、「ノット・ノーマル」とは、「エフィカシーの極めて高い人」ということになる。エフィカシーとは、「自己能力の自己評価」のことだ。社会的に成功しているかどうかはまったく関係がなく、「自分が自分の能力をどう評価しているか」が重要なのである。ノーマルな人は、自己能力の自己評価が常識の範囲内に収まっている。いわゆる、フツーの人だ。

自己評価が常識の範囲から外れて異常なほどに高い人が、ノット・ノーマルな人だ。法律に反することや反社会的なことをするわけではなく、心の中で自己能力の自己評価が異常に高いというだけだ。

普通の人よりもエフィカシーが高い人は、まわりの人にはノット・ノーマルに見える。「怪しい人だ」とか「常識外れだ」と言われるが、気にすることはない。「あなたの常識って、本当に正しいの?」と、逆に問いかけてみればいい。

「ノーマル」な人は、誰が決めたかわからないラインの範囲内に収まっている。その範囲をはみ出ると、「なんだ、あいつは。変な奴だ」と言われて「ノット・ノーマル」扱いをされる。

だが、他人が「ノット・ノーマル」と思っていても、自分が「こっちのほうがノーマルだ」と思っていれば何の問題もない。自分のゴールを目指すのだから、まわりがどう思おうと関係がない。

まわりから「普通じゃない」とか「常識を知らない奴だ」などと言われるが、こちらから見ればまわりの人間の常識のほうが間違っている。そんな彼らの常識に合わせる必要などない。

私が新入社員時代に派手なネクタイをして出社した例を紹介したが、ネクタイの色を何色にしようが、法律の範囲内である。「こんなネクタイは、常識的な色じゃない」と映るだけだ。

反社会的なことをしているわけではなく、法律の範囲内だから、他人からとやかく言われる筋合いはない。実際、私のネクタイを見て先輩たちがみな派手なネクタイにし始めたのだから、それまでの先輩たちの常識がおかしかったのだ。

エフィカシーの低い人は人の悪口ばかり言う

自己能力の自己評価の低い人は、他人の悪口ばかり言う。誰かを引きずり降ろすことで自分の気持ちを満足させようとするのだ。ツイッターで会ったことのない人の悪口を書く人は、エフィカシーの低い人だと思う。

ネットを見ると、政治家の悪口を書きまくっている人がたくさんいる。私は安倍総理や自民党の政策とは違う考え方を持っているが、安倍総理がネットで悪口を書かれているのを見ると、とても気の毒に思う。

もちろん、政策についての批判はあって当然だ。私も選挙に立候補したら安倍総理や自民党の政策をボロクソに言うと思うが、それは政策面についてだけだ。

政治家を批判するのは、まだましだが、ツイッターで芸能人を批判している人もたくさんいるから驚きだ。こちらは、政策とは関係なく、ただ嫌いだから悪口を書いているだけだろう。

自分と関係のない人を批判するのは、かなりエフィカシーの低い人だ。他人を批判すると、何となく自分が偉くなった気がしてくる。自分はコンフォートゾーン（快適なゾーン）から外に出ずに、相手を引きずり降ろすことによって自分の居心地の良さを守ろうとするのだ。傍から見ていると、本当に気の毒な人にしか見えないのだが……。

飲み屋で会社の悪口を言うのは、まるで裸踊り

ツイッターに悪口があふれているのは、日本独特の現象だ。他の国でもツイッターで悪口を言う人はいるが、日本はその度合いが突出していると思う。

アメリカやヨーロッパでは、フェイスブックとツイッターが広報の場としてよく使われるが、悪口の場として使われることは少ない。もちろん、自分の発言で炎上することはあるが、それは本人が間違ったことを言ってしまったことによるものだ。

それを、「おまえ、変な奴だな」などと悪口を言う道具として使っているのは日本

独特の現象だ。私は島国根性がそうさせていると考えている。みんなが一つの常識ラインの中にいることが正しいと思っているのだ。そこからはみ出た人間は引きずり降ろしたほうが正しいという論理だ。

今に始まったことではなく、明治維新期の脱藩浪人も変な奴だと見られていた。坂本龍馬のことを「脱藩浪人か。怪しい奴だ」という目でみんなが見ていたのだろう。島国ではみんなと同じことをしていない人間は、ノット・ノーマルな奴であり、悪口を言う対象なのだ。

だが、坂本龍馬のことを怪しい脱藩浪人と見ていたまわりの人間と、坂本龍馬と、どちらが「ノット・ノーマル」だったのかを考えてみればいい。今の目で見れば、坂本龍馬の感覚や、坂本龍馬が抱いた夢のほうが、よほど現代社会に結びついている部分が多いとも言える。同時代の多くの人がノット・ノーマルと考えていることが、本当にノット・ノーマルかどうかはわからないのである。

日本では昔から、自分が常識だと思っている範囲から外れた人を攻撃する傾向がある。現代社会ではそのツールとしてネットが使われている。

自己評価が高ければ他人の悪口など言わないはずだが、日本の学校教育では自己評価を低くする教育ばかりされてきた。偏差値至上主義で「あなたは上から何割のところにいます」と評価される。偏差値で評価されたら、トップの人以外はみな自己評価が低くなる。自己評価を低くする教育ばかりされてきたことも一因となり、自分に絶対的な自信を持っていないから、悪口を言って相手を引きずり降ろそうという心理が働く。

週刊誌に書かれた政治家や芸能人の悪口を読んで喜んでいる人は、典型的な自己評価の低い人だ。まず、そこを抜け出さないといけない。

会ったことのある人のことならともかく、会ったこともない人の悪口を読んでいたら、気持ちが悪くなるくらいでないとおかしい。記事を真に受けて、その人の悪口をネットに書き込むのは、エフィカシーが低すぎる。

会社の悪口ばかり言っているサラリーマンも同じだ。四〇代にもなって、悪口ばかり言っている人生が、良い人生と言えるだろうか。

会社の悪口を言っているサラリーマンは、飲み屋では上司の悪口を言えるが、上司の前に出るとひと言も言えなくなる。そういう人は、会社にとって一番ありがたい人間だ。自分で勝手に飲み屋でガス抜きしてくれて、それでいて会社には逆らわないのだから、理想的なサラリーマンである。「どうぞ、どうぞ、飲み屋に行ってどんどん会社の悪口を言って下さい」という感じだろう。その行動パターン自体が、会社の仕組みにはめ込まれている。サラリーマンたちは、会社を見下すくらいの気持ちでいるのかもしれないが、実際には、お釈迦様の手のひらの上で、裸踊りを踊っているようなものだ。

ノーマルというのは、数の論理であり、偏差値の論理にすぎない。標準偏差というのは統計的にどのくらいバラついているかということだが、極めてエフィカシーの高い人は、真ん中付近にはいなくて、右側のずーっと端のほうにいる。そういう人は、自動的にノット・ノーマルになる。真ん中付近にいる人から見ると、「非常識な人」「変な人」に映るが、実際には「非凡な人」と言ったほうがよいのだ。

エフィカシーを高めれば、人の悪口を言う気はしなくなる。「自分はものすごい人間だ」と思っているので、他人を引きずり降ろす必要がない。最初に出てくる言葉は、悪口ではなく、「すごいね」とか「よかったね」という言葉になる。

ネットに隠れている貴重な情報をいかに見つけ出すか

昔の週刊誌は、「大臣の首を取ったら勝ち」というような記事づくりだった。それを読んで読者は楽しんでいた。だが、自分の国の総理大臣や大臣の悪口を読んで、本当に楽しい気持ちになれるのだろうか。

政策はいくらでも批判すればいいが、人の悪口を言ってみても仕方がない。「オレはすごいのだ」という絶対的な自信を持ったエフィカシーの高い人は、週刊誌に書かれている大臣や芸能人の悪口を読んでも、バカバカしいと思うだけである。

エフィカシーの高い人は、ネットとのつきあい方も普通の人とは違う。ネットには無駄な情報も多いが、貴重な情報も隠れている。そう簡単には出てこないが、貴重な情報をいかに見つけ出すかがポイントだ。

ネットには一次情報、二次情報、三次情報が入り交じっている。先ほども述べたように、二次情報、三次情報に左右されずに一次情報を見つけ出さなければいけない。

誰かがつぶやいているのを読んで参考にしている人が多いが、それは二次情報、三次情報にすぎない。その情報の元になっている情報がどこかにあるはずだ。

たとえば、「あの政治家がこう言った」ということがツイートされていると、「それはひどい」「こんなダメな政治家はいない」などとツイートしてしまうかもしれないが、その前に、元になっている情報を確かめないといけない。

首相や大臣のコメントなら、各省庁のホームページを見れば、その内容が正確に掲載してあることもある。全文を読めば、一次情報を確かめたことになる。その上で自分の考えをツイートするならいいが、誰かのツイートに反応する形でツイートするのでは、不確実な情報に踊らされてしまうだけだ。不確実な情報をもとに、みんなと一緒に炎上に加わっても意味がない。

エフィカシーが異常に高いデヴィッド・ロックフェラー

私の親友でハーバードのロースクールを出た黒人の男性がいる。彼は、ハーバードではオバマ大統領の同級生だった。黒人同士で仲が良く、オバマ大統領の親友でもある。

彼は、ロースクール時代にスティービー・ワンダーを招いて学校で歌ってもらう計画を立てた。スティービー・ワンダーに電話をかけ続けたが、ずっと無視された。それでも電話をかけ続け、ついに口説き落として、ハーバードで公演を実現させることができた。

彼の口説き文句はこうだ。

「あなたは、ハーバードで歌うべきだ」

普通の人なら、スティービー・ワンダーほどの著名人に対しては「お願いします」「どうか来て下さい」と懇願するだろう。だが、彼は「あなたは来て歌うべきだ」と言った。「うちはハーバードのロースクールだ。だから、スティービー・ワンダーであろうが誰だろうが、来るのが当然であり、歌うべきだ」と考えていたのだ。まさに、ノット・ノーマルな考え方だ。

彼は、ロースクールで学んで著作権ビジネスをやりたいと考えていたが、公演が縁になって、弁護士になった後にスティービー・ワンダーの会社の社長になっている。

学生のころから、「スティービーは、うちに来るべきだ」と考えていたくらいだから、どれだけエフィカシーが高い人間かわかる。そういう友人がいたからオバマも刺激されたのだろう。

オバマ大統領の選挙支援コンサートにスティービー・ワンダーが出演したのは、彼が取り持ったからだ。スティービー・ワンダーは、オバマ支持の曲までつくって選挙応援をしている。

おそらくオバマも「オレは大統領になるのは当たり前だ」くらいに考えていたのだと思う。突き抜けて自己評価の高い人、つまりノット・ノーマルな人が世の中を動かせる人間になる。

私が三菱地所時代に会ったデヴィッド・ロックフェラーもエフィカシーが極めて高い人物だった。生まれながらに皇帝のような存在だったからかもしれないが、「世界が戦争になったら大変なことになる。下々の者にはとても政治は任せてはおけない。私が責任を持ってやらなくては危なくて仕方がない」と本気で考えているようだった。

私がデヴィッドと会っていたのは、一九八〇年代だから、彼がまだ六〇代のころだ。世界を危険にさらさないためなら、大統領のクビなどいつでもすげ替えるという論理だった。

一〇年くらい前にユーチューブができたころ、デヴィッド・ロックフェラーが一九九〇年代初めに国連でスピーチしている様子がアップされていた。スピーチでは、「国連のみなさん、私の長年の夢である世界統一政府の実現を手伝ってくれてありがとう」とお礼を言っていた。あたかも、自分は世界皇帝で、国連は部下だと思っているかのごとくだった。信じられないほどのエフィカシーの高さだ。

私は、一九八九年のロックフェラーセンター買収以降の四〜五年間はデヴィッドに取締役会で三カ月に一度会っていたし、一緒にお茶を飲んだりしていた。そこでは本当にいいおじいちゃんだった。ビジネスはすでに引退していて、孫の話をしていた。「自分の知らない孫もいるが、その子にも相続しなければいけない」などと言っていた。普通のどこにでもいるおじいちゃんの姿を見せながら、心の中では世界統一政府をつくって戦争のない世界にしようと思っていたようだ。

一九八九年にはベルリンの壁が崩壊し、九三年には欧州連合が誕生した。中東地域はすでにオイルダラーで押さえている。いくら石油があってもドル建てで取り引きされるから、ドルを刷っている者にはかなわない。

デヴィッド・ロックフェラーは、世界は統一に向かって動いていると感じており、その実現に向けて国連が動いてくれているので、国連に対してお礼を言ったのだろう。彼の頭の中では、世界は統一されつつあったのだろうと、私は思う。立場が立場ではあるが、それにしても凄まじい「自己評価の高さ」である。

「ヨーロッパ統一」を頭に思い描いていたワルトハイム

元国連事務総長のクルト・ワルトハイムも非常にエフィカシーの高い人だった。ワルトハイムは一九七二年から八一年まで国連事務総長を務め、その後八六年から九二年までオーストリアの大統領を務めている。

私がワルトハイムに会ったのは、大統領を辞任した後の悠々自適なときだった。当時の三菱地所の社長と一緒に会いに行ったが、「ヨーロッパはまもなく統一されるので、そのときには、三菱さん、よろしく」と言っていた。

最初は何を言っているのかよくわからなかったが、「三菱」という名前を聞いて、かつてゼロ戦をつくっていた会社であることを思い起こしたようだった。もっとも、我々は三菱は三菱でも「重工」ではなく不動産屋なので、思わず当時の社長と顔を見合わせてしまったのだが。

ワルトハイムの頭の中では、「まもなくヨーロッパは統一される。もし、ヨーロッパで戦争が起こったら、そのときは君たちよろしく」という考えが湧き起こっているようにも感じられた。自分がヨーロッパを代表している人間であり、まもなくヨーロッパを統一するので、協力を頼むと言っているかのごとくだったのである。

ワルトハイムは、国連事務総長を務めた人物でもあるので、「自分はヨーロッパの国王だ」というような意識だったのかもしれない。リビングルームには、各国の国家元首とツーショットで写した写真がたくさん飾ってあった。国連事務総長時代に元首たちと一緒に写真を撮り、そこにサインをしてもらっていた。昭和天皇の写真もあり、英語で直筆のサインがしてあった。ワルトハイムが写真立てを渡してくれて、手に取って写真を見た。昭和天皇の直筆サインを見たのは初めてだったし、おそれ多くも「御真影に触ってしまった」という気分だった。

ワルトハイムは、何の役職にも就いていないのに、「オレのヨーロッパをよろしく」という感じで話をしていた。驚くべきほどのエフィカシーの高さである。

思うことだけなら、誰にでもできる

ロックフェラーにしても、ワルトハイムにしても、何の役職にも就いていないのに、本気で世界を自分のことのように考えていた。「今日の夕飯、どうしようか?」というような感覚で「世界をどうしようか?」「統一したほうがいいよね」などと日常的に考えていた。一般人からすれば、本当にとんでもない人たちである。だが、ベルリンの壁崩壊や統一ユーロなど、彼らの考える方向に世の中は動いていった。ロックフェラーやワルトハイムは、ノット・ノーマルな人であり、エフィカシーが異常なほど高い人たちだ。

だが、重要なことは、彼らでなくても自分の頭の中で思うことはできるということだ。我々がロックフェラーやワルトハイムと同じように頭の中で思うことはまったく自由だ。サラリーマンをしていても、「世の中の平和に貢献しなくてはいけない」と考えてもいいし、「自分は世界の未来に責任を果たさねばならない」と考えてもいいのだ。

そう思うこと自体は自由なのに、ほとんどの人は自分で勝手に制限をしてしまっている。「そんなことは無理だ」とか「それはバカげた考えだ」と思ってしまう。その枠をぶち破らなければノット・ノーマルにはなれない。

ノット・ノーマルとは、アブノーマルということではないし、行動が反社会的ということでもない。自分の頭の中でつくっているブリーフシステムの常識的な枠を突き抜けて、ノット・ノーマルに発想するということである。それは難しいことではなく、誰にでもできることだ。

サラリーマンのコーチングをしていると、誰でも簡単に変われることがよくわかる。コーチングといっても毎日やるわけではない。月に一回会うだけだ。それでも五～六回会うと見違えるように変わっていく人は多い。ものの見方が変わるという点が大きいのだと思う。「自分にはできる」という強い信念を持てるようになるのだ。

誰かが成功したから「オレもできる」という論理ではない。他人とは関係なく「オレはできる」という絶対的なものだ。「オレは、どうせこんな程度だ」という殻をぶち抜き、とことんエフィカシーを高めていく。「あいつと比べてオレのほうがすごい」のではなく、誰が何と言おうと「オレはものすごい」のだ。自分で勝手にそう思うだけだから、何の問題もない。

「自分はものすごい」という確信を持つと、まわりの見え方が変わる。他人の悪口など言う必要はなくなるし、他人の悪口を聞いていると、居心地が悪くなってくる。「ツイッターに悪口を書き込むなんて、時間がもったいない」と思えるようになる。

人の足を引っ張ることにエネルギーを使うことなく、自分のゴールに向かってすべてのエネルギーを使えるようになる。

エフィカシーの高い人は「陰謀論」で見ない

エフィカシーの高い人のことは、エフィカシーの高い人でないと理解できない面がある。たとえば、デヴィッド・ロックフェラーが「国連のみなさん、ありがとう」と発言した件も、エフィカシーの低い人の目には、陰謀論的に見えるかもしれない。

「やはり、彼が世界の腹黒い支配者なのだ」と。

私はデヴィッドというおじいちゃんに直接会って話をしているのでよくわかるが、彼は本当に世界のことを心配していた。彼の論理は、民主主義というのは大衆が大衆の代表を選ぶのだから、そんな人間たちには世界を任せておけないというものだ。大衆に世界を任せることが心配で仕方がないという心境なのだ。

デヴィッドは自分がすでに世界に責任ある立場だと思っているので、世界を支配するためにあれこれ画策しようなどとは思っていない。彼には一般人のような煩悩はない。ロックフェラー家は通貨発行権を握っているようなものだから、金を無限に持っている。「金が欲しい」などとは思っていない。また、大統領のクビもいつでもすげ替えられると思っている。実際、フォード政権時代には、自分の兄弟のネルソン・ロックフェラーを副大統領に送り込んだ。いってみれば、大統領のポジションなど彼にはどうにでもなる。デヴィッドは権力闘争に加わる必要などないし、陰謀を画策する必要もまったくない。ともかく世界のことが心配なのだ。

エフィカシーの低い人は、裏に何か陰謀があると考えてしまうが、「陰謀」などというのは、しょせん小さな利益のことにすぎない。巨大な富を持っている人には、小さな利益などまったく眼中にない。小さな煩悩を持ったエフィカシーの低い人が自分の視点で見ると、「陰謀」に見えてしまうにすぎない。

二〇一三年に特定秘密保護法が成立したが、国家には公開できない秘密はある。それは陰謀ではなく、公開しないほうが国家の安全のために都合がよいというだけだ。

エフィカシーが低いと何でも陰謀に見えてしまうが、エフィカシーが高い人には陰謀には見えない。「ああ、そういう考え方もあるな」「そういう話し合いが行なわれたんだな」と思う。もちろん、それを自分が受け入れるかどうかは別問題だ。陰で話し合わずに、公開して投票で決着をつけたほうがよいと考える人もいるわけだ。

エフィカシーを高めていけば、視点がどんどん上がっていき、物事がよく見えてくる。ただし、視点が上がっても、知識を持っていないと理解できないことも多いので、知識を身につけることも重要である。

エフィカシーが低い人の極端な例がテロリズムの発想だ

二〇一五年一月から二月にかけて、ダーイシュ（IS＝いわゆるイスラム国）の手で二人の日本人が人質になり、殺害されるという非常に痛ましい事件があった。ダーイシュ（IS）がこれほど台頭したのは、彼らの支持者の多くは、貧乏で教育を受けていないことが原因と言える。

彼らが信奉するのは、イスラム原理主義である。イスラム教に限ったことではなく、宗教というのは原理主義を内包している。宗教の論理を原理原則どおりに追求していくと世俗の論理とはかけ離れていく。厳しい戒律に従って生きようとすれば、世俗とは相容れなくなる。

だが、人類は、「宗教の論理」と「世俗の論理」をいかに両立させるかを考え、その知恵を身につけてきた。

たとえば、仏教の場合、初めは上座部仏教が主流であった。これは出家して悟りをひらく世界だ。出家を前提にしてしまうと、俗世の人は救われなくなるから、在家のまま悟りをひらけるように、大乗仏教が誕生した。

釈迦の原理主義に基づけば「出家」が正しい。しかし、出家の論理と世俗の論理は相容れない。まず食べ物の問題がある。誰かが出家者を食べさせなければならず、食べ物を持っていくしかない。貧しい時代には、その分だけ食べ物を得られない人が出てきて、どこかの誰かが犠牲になる。

つまり、「出家」は「世俗」とは、根本的には絶対に相容れない。そこで、出家せずに在家で悟りをひらけるようにしたものが大乗仏教だ。

これが日本文化の底流にも流れている宗教の論理と世俗の論理の両立だ。出家せずに世俗の中で悟りがひらけるようにしたの大乗仏教であり、その大乗仏教を大々的に取り入れた日本は、宗教と世俗の論理を、世界史的に見ても比較的早い段階で両立させた。

我々の日常生活や一般教養の中にそれらの知識体系が埋め込まれている。社会契約論を学ばなくても、中学教育、高校教育の中で自然に学んできている。大学を出た人間なら、それなりの知識を身につけているから、純粋に宗教を信じる人でも、世俗の論理と宗教を両立させる知識を身につけている。

しかし、オウム真理教のように、一部には世俗の論理と両立をさせられない人たちもいる。東大の理学部系の人でオウム真理教の信者になった人たちがいるが、彼らは理系の勉強ばかりしていて、まともな社会教育を受けてこなかったのだろう。彼らは世俗を離れ、出家して原理主義に走ってしまった。知識体系のない人たちは、世俗を否定し原理主義に走る傾向がある。

東洋では二〇〇〇年も前から原理主義と世俗の論理を両立させてきたわけだが、西洋においても、宗教改革によって五〇〇～六〇〇年前には宗教の論理と世俗の論理を両立させている。そうやって、純粋原理主義と社会的な世俗の論理が両立する論理をつくりあげてきた。それが知識体系となり、各国の文化の中に埋め込まれている。東洋と西洋では、小さいころからの学校教育の中で、文化を学び、自然に両立の論理を身につけていく。

ところが、中東やアフリカではまともな学校教育を受けられない人がたくさんいる。そういう人たちは、宗教と世俗を両立するための知識体系がゼロなので、原理主義的な純粋な論理に耳を傾けてしまう。

それに加えて、中東やアフリカには深刻な貧困問題がある。知識もないし、食うものにも困っているわけだから、誰かのせいにしたくなるのは無理もない。アメリカという国は、富の象徴みたいな存在だから、「すべてはアメリカが悪い」「アメリカを倒すしかない」という論理になる。貧困で教育を受けていない人たちは、そのような考え方に傾いていくものだ。

貧困というのは、突きつめて言えば、比較の問題だ。「あの人はＢＭＷに乗っているのに、うちはヒュンダイだ」というときには、「うちはあの人より貧乏だ」という気持ちになる。けれども、その人もヒュンダイを持っているわけだから、車を持っていない人から見れば、お金持ちということになる。

貧乏な人でも、知識体系を身につけたエフィカシーの高い人なら、「あいつのほうが金持ちだ。あいつを引きずり降ろしてやろう」という気持ちにはならないが、エフィカシーの低い人は、相手を恨み、引きずり降ろそうとする。その極端な例がテロリズムの発想だ。

食っていけることは重要なことだが、それだけではダメだ。教育によって、知識の体系を身につけることが重要である。中東の貧しい人々は、金も教育もない。我々の国には、一〇〇〇年、二〇〇〇年にわたって積み重ねてきた知識体系があり、学校教育があり、新聞や本もある。知識を身につけようと思えばいくらでも身につけられるのだから、徹底的に知識を身につけることが必要だ。

二つか三つだけ「ノット・ノーマル」であればいい

四〇代の人の多くは、奥さんや子供など家族がいるだろう。ノット・ノーマルに生きたいと思っても「妻に反対されるので、とてもできそうにない」とか、「子供のことを考えると、このまま今の会社で我慢するしかない」と考える人もいるに違いない。

そう考える人には、「そこまで思いつめる必要などない」と、私は言いたい。

ノット・ノーマルに生きると楽しい人生が待っているが、すべての面でノット・ノーマルに生きる必要はないのである。人生で掲げるいくつかのゴールがある中で、すべてノット・ノーマルにするのが理想かもしれないが、現実には、その中の二つか三つくらいがノット・ノーマルになればいい。一人の人間が全力でノット・ノーマルになれるのは、せいぜい二つ、三つの分野だろう。

ソフトバンク創業者の孫正義氏は、ビジネスではノット・ノーマルに見えるが、家に帰ったら奥さんの尻に敷かれているかもしれない。安倍総理の場合は、「家庭内野党」と言っているくらいだから、奥さんの尻に敷かれていそうな感じだ。家庭内では奥さんが主導権を握っているのではないだろうか。それでいいのだ。

全方位でノット・ノーマルを目指してもいいが、家族とよく対話した上で、八つのうちの一つだけノット・ノーマルにしてみるのでもいいのではないかと思う。一つだけ、ノット・ノーマルにするのなら、話し合えば奥さんにもわかってもらえるはずだ。

奥さんに対して、いきなり「今日で会社を辞める」などと言い出せば、奥さんはビックリして「何言ってるの！」という反応になる。

よく話し合って、「いや、八つのうちの一つだけだよ。家庭のこともちゃんとやるし、地域のこともちゃんとやる。ほとんどのことは普通にやる。ただ、職業だけは、今までと違うものを目指してみたいんだ」と説明すればいい。それでも文句を言ってきたら、奥さんのほうが、何かを誤解しているのだろう。

ノット・ノーマルというのは、「出家」をして世捨て人のようになることとはまったく違う。大企業を辞めても、世を離れて出家してしまうわけではない。まさに、そこに大乗仏教の歴史を受け継いだ、我々日本人の知恵が生かされる。

ノット・ノーマル路線は、俗世を捨ててノット・ノーマルを目指すわけではなく、家庭を守りながら、社会生活を守りながらノット・ノーマルを実現していくものだ。自分のできるところでノット・ノーマルをすればいいのである。世俗の中で悟りをひらくようなものである。

どれか一つに絞って、そこだけは徹底的にノット・ノーマルを目指してみるのが無理なくできる道だと思う。

趣味を「ノット・ノーマル」にしてもいい

本書では主に職業をノット・ノーマルにする話をしてきたが、必ずしも職業をノット・ノーマルにしなくてもいい。職業はノーマルだけど、趣味は徹底的にノット・ノーマルというのでもいい。どこかで突き抜ければいいのだ。八つのうちの一つだけでもノット・ノーマルにできれば、「自分はものすごい」という気持ちになり、自己評価が高くなる。エフィカシーが高い人になれる。

実際、普段の仕事とは別の顔で、実はすごい趣味を持っているという人がいる。『Ｓｔｅｒｅｏ』という雑誌で読んだのだが、キソアコースティックというスピーカーメーカーを設立した人は、建設会社の経営者をしながら、オーディオを趣味にしていたらしい。建設会社をやっていた時代から、業界では有名なオーディオマニアだったそうで、日本のオーディオメーカーがその人に試作品を聴いてもらいに行っていたという。ついには自分自身が、ギターメーカーの木材のプロと一緒にオーディオメーカーをつくった。まさにノット・ノーマルな生き方だ。

若い人はあまり知らないかもしれないが、シンガーソングライターの小椋佳さんは、第一勧銀（現みずほ銀行）のサラリーマンをしながら歌をつくっていた。作詞・作曲した「シクラメンのかほり」は日本レコード大賞をとっている。つくった曲がメジャーレーベルで売れて大ヒットしたが、売れたこと自体は経済的成功の部分であり、売れるとか、売れないということは関係なかったのだと思う。

エフィカシーの高い人は、売れるとか、社会的に評価されるとか、そういうことは気にしていない。「誰が何と言おうと、自分はすごい」のだから、まわりが認めてくれるかどうかはまったく関係がない。

「政治」と「経済」の目的が共通だった時代は終わった

カロリーベースで言えば、世界は一度、誰も飢えないレベルのところまで到達した。世界には飢餓やそれに近い食糧不足の状態の人が約一二億人いるとされるが、アメリカ一カ国が無駄にしている食糧だけで一二億人分を超えると言われている。いつの時点とは言えないが、カロリー数で考えれば世界は飢餓を克服している、と言えるのだ。世界から飢餓はなくなっていてもおかしくないはずである。

ところが現実には飢餓が起こっている。世界の約八億人が飢餓に苦しんでおり、飢餓に近い状況の人を含めると約一二億人が食糧不足で苦しんでいる。貧困国だけでなく、先進国でも多くの人たちが貧困化している。これからは貧富の差はますます激しくなっていくだろう。

人類が飢餓を克服するために使ってきたのが「政治」である。集団で行動をするために必要となるのが「政治」だが、遡れば、オオカミやサルも「政治」をしていた。「政治」はみんなが飢えないで食べていけるようにするためのものだった。動物でも人間でも戦いが起こることがあるが、その多くは、自分たちの種族が食べていけるようにするためのものだ。食べ物のために集団行動が生まれたのである。言い換えるなら、「経済」のために「政治」が存在していたということだ。

英語の「エコノミー」という言葉の語源となった古代ギリシア語の「オイコノミア」の元々の意味は「家政」、つまり家の管理のことである。家計をやりくりすることがエコノミーであり、人々が飢えない方法を考えることがエコノミーだ。

日本語の「経済」という言葉も、「経世済民」が語源であり、いかにして民を助けるかという政治の話だった。昔は経済を良くするために政治があった。長い人類の歴史では、ずっと政治と経済の目的が一致していたのである。

やがて「政治」によって「経済」が発展して、カロリー計算上は全世界の誰もが飢えないくらいの経済力をつけた。

「全員が食べていく」という一応の目的を達成した途端に、「政治」と「経済」の分離が始まった。本来、「政治」と「経済」は対立する概念である。「経済」は自分一人が金持ちになろうとするものだが、「政治」は平等を求める。

「政治」というのは、我々の頭の中にある世界である。「人権」という概念も頭の中でつくりだしたものだ。頭の中にある世界が生み出す究極的な答えが、イコーリティ（平等）の論理だ。つまり、すべての人が同じ権利を持つ民主主義である。日本で生まれようが、イスラム圏で生まれようが、誰もが同じ人権を持っているという考え方だ。デヴィッド・ロックフェラーのような人は本音では民主主義を認めないかもしれないが、多くの人は民主主義を信じている。誰もが平等に人権を持ち、一人一票を持っていて、投票で物事を決めるというものだ。

それに対して、「経済」は、各々が努力して、各々にもっともっと豊かになろうとする論理だ。

長い人類の歴史の中で、「政治」と「経済」の目的が一致していたのは、飢えた人がたくさん存在していたからだ。飢えた人を減らして、全員が食べていくために「政治」と「経済」の目的は共通だった。

ところが、計算上、人類から飢えというものが消えた途端に、政治と経済の共通の目的はなくなった。全員が食べていけるのだから、飢えのことなど考える必要はなく、金持ちはより金持ちになろうとする。こうして、政治の目的と経済の目的が離れていった。

未来の世界は、「経済」対「政治」の戦いになっていく。言い方を変えると、「富」対「民主主義」の戦いだ。経済の世界は「富」主義で、自由競争がますます進んでいく。一方、政治の世界は「民主」主義だから民衆の意向で動いていく。

「経済の論理」がますます強くなる時代

すでに「政治」と「経済」の戦いは始まっている。だが現在のところ、「経済」の論理のほうが「政治」の論理より力を増している。

「経済」の世界は、金持ちはますます金持ちになっていく道を歩む。現状では「経済」の論理のほうが勝っており、医療、教育、行政サービスに経済の競争原理を導入するという論理が優勢だ。政治としては、徹底的に拒絶するべきなのだが、実際には競争原理がどんどん導入されつつある。

政治体制について言えば、すでに共産主義、社会主義は失敗している。あのキューバですら、オバマ政権の意向で対米関係が改善の方向に進み始めた。先日、キューバ大使と会ったが、キューバに経済の原理を入れるという話を聞いて、時代が変わったと感じた。ソ連が崩壊したときから始まっていたのかもしれないが、政治の力よりも経済の力が圧倒的に上回っている。

一〇〇年後にどうなっているかはわからないが、向こう一〇年、二〇年は、政治の論理が弱く、経済の論理が強い時代が続くだろう。

日本国憲法の中に、日本は民主主義であることが書かれているが、資本主義であるとは書かれていない。それなのに資本主義の論理のほうが力が強い。

政治の論理と経済の論理は本来相容れないものだから、今後、政治と経済の軋轢《あつれき》はますます大きくなっていくだろう。その一例がダーイシュ（ＩＳ）だ。たまたまイスラム教原理主義者によるものだったが、他の宗教でも同じことは起こりうる。他者に蹂躙《じゅうりん》されてきたような地域で、日々食べていくこともできないほど貧しい暮らしを強いられていて、教育も受けられない人たちは、宗教の原理主義に惹かれる要素を持っている。

貧富の差が大きくなっていくと、金になびく人間が出てくる。金のためなら何でもする人間も出てきかねない。政治も、金の力で自在に動くようになる。

昔から、選挙のときに票を金で買うケースはあった。私はかつて選挙に立候補したときに驚いたが、「あの党は一万円くれたけど、なんであんたは金をくれないんだ」と有権者に言われた。今の時代に本当に金を渡しているのかどうか、真偽のほどは定かではないが、金で動く有権者はいなくなっていないようだ。

そこまで露骨でなくても、政治家が地元に公共事業を引っ張ってくるのも、間接的に金で票を買っているようなものだ。高速道路や新幹線などを誘致すると、票が集まって当選する。

先進国では現ナマで買収することは少ないが、選挙のときには、広告の枠を買って、大量のキャンペーン広告を流す。それには膨大な資金が必要になる。要するに、金の力で票を集めているのである。これは民主主義が崩れ去りかねない危機的な事態だ。

票を買いたい政治家がいて、票を売りたい有権者がいる。金で票を買った政治家たちが話し合って法律をつくれば、「経済」の論理が優先されることになる。金で票が買われる仕組みが続く限り、今後も「経済」が「政治」を支配する時代が続くだろう。

エフィカシーを高めれば「金になびかない人間」になる

これから先、当分の間は、経済の力が政治の力を上回り、金の力がますます強くなっていく。だからこそ、我々は「金になびかない人間」にならなければいけない。金で買われる人間にはなるな、ということだ。

四〇代の人は、子供を育てているだろうから、子供を金でなびかない人間に育てることも重要だ。世の中には金で売ってはいけないものがあることを子供に教える必要がある。その代表が、自分の持つ貴重な一票だ。金で票を売る人間がいると、民主主義は崩れ去ることをきちんと教えたほうがいい。

今の教育は、間違った方向に進んでいる。高校生・大学生に金儲けの方法を教えるという案も検討されているが、まるで金の奴隷になるような教育だ。

「いい大学に入って、いい会社に入れば、将来高い給料をもらえて、年金もたくさんもらえる」という考え方も、金になびく発想そのものだ。給料や年金の額を基準に、子供たちが自分の将来を決める教育でいいのだろうか。

民主主義と経済は相容れない存在であることを心から理解して、民主主義が金の力で破壊されないための教育をすべきだ。自分も金にはなびかないし、子供も金になびく子にはしない。そのためにたくさん勉強をして知識を身につけるのだ。

金になびかないようにするには、エフィカシーを高めることだ。自己能力の自己評価を高める。エフィカシーの高い人間は、自信があるし、自分のゴールに向かって充実した生き方をしているから、金なんかにはなびかない。

まったく金がなくては生きていけないが、エフィカシーの高い人は、能力があるから自分と家族が食っていく程度の金はいつでも稼げる。

我々の煩悩はしょせん大したことはない。煩悩を超えるほどの大金は必要ないはずだ。小さな煩悩を満たすくらいの金は、エフィカシーの高い人は心配しなくても稼げる。「オレは、食っていく程度の金は必ず稼げる」という自信を持ったほうがいい。エフィカシーを高め、金になびくことなく、自分の本当のゴールを目指してほしい。

〈著者略歴〉

苫米地英人（とまべち　ひでと）

1959年、東京生まれ。認知科学者（機能脳科学、計算言語学、認知心理学、分析哲学）。計算機科学者（計算機科学、離散数理、人工知能）。カーネギーメロン大学博士（Ph.D.）。

上智大学外国語学部卒業後、三菱地所に入社。２年後イェール大学大学院に留学。同大学人工知能研究所、認知科学研究所研究員を経て、カーネギーメロン大学大学院に転入。日本人ではじめて計算言語学の博士号を取得する。

帰国後、徳島大学助教授、ジャストシステム基礎研究所所長、通商産業省（現経済産業省）情報処理振興審議会専門委員などを歴任。現在は㈱ドクター苫米地ワークス代表、コグニティブリサーチラボ㈱CEO、天台宗ハワイ別院国際部長。在学中に世界初の音声通訳システムを開発したのを皮切りに、オウム真理教信者の脱洗脳や、各国政府の対テロリスト洗脳防止訓練プログラムの開発・指導、能力開発プログラム「PX2」の日本向けアレンジなど、その活動は多岐にわたる。

近著に『英語は右脳で学べ！』（KADOKAWA）、『『21世紀の資本論』の問題点』（サイゾー）、『成功への思考法』（ロングセラーズ）、『「騙す脳」を作る』（徳間書店）、『15歳若返る脳の磨きかた』（フォレスト出版）、『超瞑想法』『夢がかなう脳！』『空海は、すごい』（以上、PHP研究所）など。

40歳から「差がつく」生き方
奴隷マインドを捨て、ノット・ノーマルで行け！

2015年４月１日　第１版第１刷発行

著　者　苫米地英人
発行者　小林成彦
発行所　株式会社ＰＨＰ研究所
東京本部　〒102-8331　千代田区一番町21
学芸出版部　☎03-3239-6221（編集）
普及一部　☎03-3239-6233（販売）
京都本部　〒601-8411　京都市南区西九条北ノ内町11

PHP INTERFACE　http://www.php.co.jp/

制作協力
組　版　有限会社メディアネット

印刷所　株式会社精興社
製本所　株式会社大進堂

ISBN978-4-569-82397-3

PHPの本

夢がかなう脳!

「悟りの力」で脳力を全開にする究極メソッド

苫米地英人 著

「ものの見方」が変われば、驚くほど願いは叶う。誰でもできる仏教的な「悟りの思考術」で脳力を全開させる方法を明かした革命的な書。

定価 本体一、三〇〇円（税別）